설움도 그리움이 된다

설움도
그리움이 된다

박태희 수필집

「작가의 말」

나이 듦에

 다를 것 없는 일상이 되풀이되지만, 분명 오늘과 내일은 다르다. 강물의 흐름이 똑같아 보여도 매 순간 다른 물이 흘러가듯 시간도 흐트러지지 않는 규칙으로 우리의 눈을 속일 뿐 잠시도 같은 의미로 머물지 않는다.

 한 치 앞도 알 수 없는 것이 인생이다. 아무도 막다른 골목에 맞닥뜨린 것 같은 위기를 피할 수는 없다. 그것은 사고일 수도 있고 질병일 수도 있다. 미루고 아껴두었던 말을 끝내 전하지 못할 수도 있다. 지금이 아니면 다시는 기회가 오지 않을지도 모른다. 나중은 약속된 시간이 아니다. 이제는 머뭇거리지 말아야 한다. 열 번을 되풀이해도 넘치지 않는 말, 바로 지금 말하자. '고맙다. 사랑한다.'

 어느덧 내 나이 환갑을 지났다. 인생을 하루에 비유한다면 노을의 긴 꼬리 끝을 물고 어둠이 내려오는 시간이다. 분주하게 보낸 하루를 정리하듯 지나온 시간을 차곡차곡 추려서 정돈해야 할 때다. 하지만 나이 듦을 자연스럽게 받아들이는 것은 쉽지 않고 마음은 아직 청춘 언저리를 맴돌고 있다. 시들지 않은 의욕이 앞서 무엇이라도 다 할 수 있을 것 같다. 그렇지만 현실은 녹록지 않다. 움직임이 둔해지고 무거워져 쉽게 지치고 힘겹다. 눈은 침침해지고 시간의 흐름을 느끼는 감각만 더욱 예민해졌다. 허전한 삶의 궤적을 돌아보며 자꾸 조바심이 난다.

 해가 기울면 어둠이 깃든다. 어둠은 생각보다 더 빨리 밀려올지도 모른다. 어둠 속에서 길을 잃지 않도록 등불을 준비해 두어야 한다. 기울어 가는 시간은 노을처럼 포근하고 곱게 물들고 싶다. 지금까지 나와 함께해 준 사람들에게 감사하며.

「목 차」

작가의 말　　　　　　　　　　　　　　　　　　　　　　4

PART I

설움도 그리움이 된다	10
아버지로 산다는 건	14
내려놓기	18
산자락에서 부르는 노래	23
어마님ㄱ티 괴시리 업세라	27
부모가 된다는 것은	32
지키지 못한 약속	36
그땐 그랬지	40
부지깽이가 되어	43
以聽得心	45
해를 향한 암자에서	47
어른 놀이	50
섬을 바라보며	53

PART II

느티나무	60
옹이를 품다	65
우물에 관한 소묘	69
고향 바라기	73
이팝의 계절	77
숨비소리	81
굴 무밥	83
말꽃	86
나무의 눈물	88
諸行無常	91
항가울을 오르다	93
수암봉 연가	96

PART III

사라지는 것들에 대하여	102
사람꽃	106
기대며 살아가기	110
전통 혼례를 만나다	114
떫음이 달콤을 만들다	119
가없는 사랑	123
갈색거저리	126
No-Show	130
빈 의자	135
양손에 행복	137
예의 바른 무관심	139
이르가체페	141
코로나19와 문학적인 삶	144

PART IV

비렁길을 걸으며	148
병풍 자락에서	153
갈대숲을 걷다	156
지리산 능선을 걷다	160
클린 하이킹 Clean hiking	165
길에서 길을 묻다	169
물을 사 먹는 시대	174
시화호를 달리다	178
명절이 남긴 것	182
갯벌 속의 진주를 만나다	186
계방, 그 품에 안기다	189
비밀의 숲	191

작품해설 _평론가 강미애	194

PART I

지키지 못한 약속

설움도 그리움이 된다

 모든 사물에는 영혼이 있다. 어머니는 그렇게 생각했다. 살아 있는 것에는 말할 것도 없고 하찮은 돌멩이 하나에도 혼이 있다고 믿었다. 그러니 장독대에다 절을 하고, 동네 입구 배나무 아래 돌을 올려놓았을 것이다. 하찮은 물건이라도 오래 지니고 있다 보면 어떤 정신적 유대가 형성되는 것일까. 손때가 묻은 몽당연필이나 닳아 버린 감자 까던 숟가락, 반쯤 타고 남은 부지깽이. 그런 시간의 흔적이 특별한 그리움으로 우리 무의식에 들어오는 것일지도 모른다.

 ─바느질을 할 것도 아니면서 뭘 그리 빤히 쳐다봐. 뒷산이나 다녀와요.

 반짇고리에서 골무를 꺼내며 아내가 하는 말이다. 요즘은 바느질이 흔치 않다. 구멍 난 양말 따위를 기워 신지도 않거니와 어지간한 것은 수선집에 보내는 편리를 쫓기 때문이다. 새삼 골무가 신기하다. 골무는 바느질할 때 바늘이 손가락 끝을 찌르는 것을 막고 바늘이 잘 들어가도록 밀어 넣기 위해 끼는 바느질 도구다.

작은 반달 모양의 손가락 감투 골무. 집게손가락이 골무를 만나면 바늘을 통해 또 하나의 사물이 완성된다.

어릴 적, 어머니가 골무를 끼고 바느질하던 모습이 띠오른다. 어머니의 골무는 화려하지 않았다. 광목 몇 장을 포개어 소박하게 만들었다. 요즘처럼 소품으로 만든 것에 새겨지는 사군자와 모란 등 무늬는 어림도 없다. 더구나 보통의 골무보다 뭉텅하게 만들어 썼다. 다친 손가락에 맞추다 보니 그렇게 된 것이다. 어머니는 여물을 썰기 위해 작두질하다가 손가락을 다쳤다. 끝마디가 잘린 둘째 손가락은 상처가 아물면서 뭉툭해졌다. 그 손가락에 끼려니 골무가 커져야 했다. 볼품없는 모양새지만 어머니는 끔찍이도 골무를 아끼며 오래도록 썼다. 한번 만들면 손때가 묻고 바늘귀가 찔러 해질 때까지 사용한다. 골무를 낄 때면 마치 잘려 나간 손 마디를 대하듯 했다.

―열 놉도 이놈 하나 모가지를 못한다닝께.

저녁을 먹고 나면 장롱 속 반짇고리의 바늘과 실이 깨어나는 시간이다. 농사철이 끝나고 옷을 껴입어야 하는 겨울철엔 바느질거리가 더 많았다. 어머니는 잠들어 있는 자식들의 숨소리를 들으며 구멍 난 양말을 깁고 해진 무릎에 천을 덧대며 밤을 보냈다. 어머니에게 한땀 한땀 바느질은 가족과 사랑을 잇는 엄숙한 의례였는지도 모른다. 기운 양말이 더 따습다고 달래며 신겨 주던 꺼칠한 손. 살갗에 스치던 나이론 감촉이 지금도 아픔으로 남는다.

어느 해 겨울. 우리 형제를 올챙이 떼처럼 아랫목에 눕혀 놓고 어머니는 윗목에서 바느질하고 있었다.

―낭중에 봐. 그려두 이것 덜 중에 큰일 할 놈이 나올 티닝께.

옆에서 새끼를 꼬던 아버지가 한 말이다. 바늘귀에 찔린 골무가 무수한 밤을 밀어냈다. 단 한 번도 바늘이 되어 보지 못한 어머니는 평생 우리들의 골무였다. 수없이 찔리며 손가락을 품는 골무처럼 우리를 자신이 만든 골무 속으로 넣어 주었다. 오롯이 골무인 채 어머니의 삶은 쉼표 없이 마침표를 찍었다.

어머니는 늘 뜨거운 국을 드시면서 시원하다고 했다. 어머니가 그랬던 것처럼 뜨거운 국물이 시원하다고 느꼈을 때, 우리 형제들은 어른이 되어 있었다. 그러나 누구도 그날 밤 아버지의 바람처럼 큰일을 할 만큼 크지 못한 것 같다. 사람은 자신을 옹호하거나 변호하려는 마음이 짙다. 그러다 보니 자신이 남보다 더 잘나야 한다는 자만이 생기는지도 모른다. 바늘이랑 실이며 가위까지 어느 하나 소중하지 않은 게 없는 것처럼 형제들도 그럴진대, 서로 잘난 맛에 살았다. 두부 자르듯 등 돌린 채로 곰살맞게 대하지 못했다.

요즘은 형제들 간에 서로 연락마저 뜸하다. 명절이나 집안 행사 때 얼굴을 보면 서먹서먹할 정도다. 코로나 시국에 제각기 살아가기 벅찬 탓이려니 생각하지만, 마음 한편이 허전한 것은 어쩔 수 없다. 형제라도 따로 떨어져 있으면 아무것도 아닌 것을. 나는 언제나 바늘이었던 것 같다. 골무 속에 숨어 바늘을 키운 채 찌르기만 한 삶. 찌르기에 급급해 단 한 번도 골무인 적이 없었다. 오히려 상대에게 골무를 끼울 시간조차 주지 않고 바늘을 밀어 넣은 적이 많았다.

뾰족한 것을 보면 바늘 생각이 난다. 그 뒤를 골무가 따른다. 온통 일그러진 모습으로. 아픔을 온전히 알지 못하면 상대를 받아들이지 못한다. 바늘에 찔리는 아픔을 골무는 알고 있다. 그러기에 자신을 내어 주어 손가락을 감싸고 품을 수 있는 것이다. 세상에 아물지 못할 상처는 없다고 한다. 그렇더라도 굳이 상처를 만들 필요는 없다. 서로가 서로에게 골무가 되면 상처는 생기지 않을 것이다. 얼마나 더 바둥거려야 여물어질까. 얼마나 더 찔림에 설움 받고 나서야 골무의 마음을 헤아릴 수 있을까.

 또 하루가 계절의 문턱을 소리 없이 넘는다. 싫은 것이 꼭 이유가 있어야 하는 게 아닌 것처럼 그리움도 그럴듯한 이유가 있어야 하는 건 아닌 모양이다. 그냥, 그냥이라는 말이 있는 게 참 다행이다.

2022. 10

아버지로 산다는 건

몇 년 전 봄, 책장을 정리하다가 편지 한 통을 발견했다. 아들이 초등학교 3학년 무렵, 담임선생님께 썼던 편지다. 하지만 부치지는 못했다. 아들이 수술했기 때문이다.

선생님께!

아들 녀석이 '무지개'가 무엇이냐고 물은 적이 있습니다. 비 온 뒤 산 너머에 일곱 색깔로 나타나는 동그란 그림이라고 말해 주었습니다. 대기 중의 수증기와, 빛의 굴절과 반사를 아이에게 설명할 수 없었습니다. 그러면서 슬픈 생각이 들었습니다. 제대로 설명하지 못한 저의 얕은 지식이나, 이해를 못 하는 아들 때문이 아니었습니다. 어쩌면 이 아이는 무지개를 제대로 보지 못할 수도 있겠구나 하는 생각이 들었습니다.

제 어릴 적 시골에서는 무지개를 흔하게 볼 수 있었습니다. 무지개뿐이 아니었습니다. 논두렁을 뛰어다니며 메뚜기도 잡고, 찔레를 꺾고 오디를 따며 시간 가는 줄 몰랐습니다. 늦게까지 학원에 다니며, 시멘트 바닥에서 노는 것이 고작인 아들입니다. 부모의 욕심 탓이지요.

아들이 가끔은 하늘을 올려다봤으면 합니다. 뻐꾸기 소리에 귀 기울이고, 철쭉과 진달래 정도는 구별할 줄 아는 감성을 지녔으면 합니다. 제 아이에게 아름다운 추억들을 많이 만들어 주고 싶습니다. 아빠와 보낸 오늘이 그저 지우고 싶은 날이 아니라 추억으로 남을 행복한 시간이 되도록 말입니다.

아들이 들어간 수술실 문이 흐릿하다. 어느 날 아들이 칠판 글씨가 잘 보이지 않는다고 했다. 순간, 하늘이 무너졌다. 이럴 수는 없다. 망막박리[*], 면역력 결핍, 가족력…. 의사가 하는 말이 들리지 않았다. 하늘을 보며 아버지를 불렀다. 아들의 눈을 지켜 달라고. 폐가 약해 기침이 잦은 아들이었다. 달리 특별한 이상은 없었다. 아토피가 심했지만, 피부 문제 정도로 생각했다. 아들은 수술했다. 유리체절제술 후 안구 안쪽에 기름을 주입하여 망막을 유착시키는 수술이다. 이후 예후가 좋지 않아 세 번의 수술이 더 있었다. 신은 인간이 견딜 수 있는 만큼의 시련을 준다고 한다. 하지만 그 말은 아직 견딜힘이 남아 있는 사람에게 맞는 말이다. 살기 위해 발버둥 치지만 자꾸 넘어지는 사람에게 시련은 견디는 것이 아니라 목숨을 걸고 싸워 지켜야 하는 일이다.

내 아버지는 앞을 보지 못했다. 아버지는 내가 학교에서 돌아오는 시간이면 돌배나무까지 마중을 나온다. 불편한 몸이지만 중학교 3년 동안 하루도 거르지 않았다. 아버지는 씩 웃으며 나를 앞세운다. 하지만 아버지는 나의 졸업을 보지 못했다. 졸업을 얼

---

[*] 망막이 안구 내벽으로부터 떨어져 들뜨게 되는 병적 상태를 말한다.

마 남겨 두지 않고 돌아가신 것이다.

그땐 몰랐다. 돌배나무 아래로 마중 나오는 아버지의 마음을. 나는 아버지가 나와 있지 않길 바랐다. 아버지와 같이 걸어오는 것이 싫었다. 어떤 날은 아버지를 못 본 척하고 지나쳐 온 적도 있다. 그런 날이면 아버지는 배나무 아래로 달빛이 깊숙이 파고들 때가 돼서야 돌아온다. 아버지에게는 거짓말을 해도 되는 줄 알았다. 아버지 약값을 몰래 가지고 나와 군것질을 하고도 모른다고 우겼다. 중간고사를 무슨 요일에 보는지, 소풍은 어디로 가는지, 아무런 말도 해주지 않았다. 중학교 졸업이 언제 인지 물어올 때도 다음 달이라고 건성으로 말했다. 어차피 졸업식장에 오지 못하게 할 셈이었다.

아버지가 시력을 잃은 것이 언제인지 정확히 알지 못한다. 간경화와 지병인 당뇨 합병증이라는 어른들의 말만 들었을 뿐이다. 아버지가 느꼈을 실명의 절망감이 어느 정도였을지 가늠조차 하지 못했다. 병들어 초라해진 모습이 보기 싫었을 뿐이다. 앞이 보이지 않는 아버지를, 볼 수 있는 아들이 외면한 것이다. 솔가지 위에 눈이 수북이 쌓인 어느 날, 아버지는 돌배나무에 다시 올 수 없는 먼 길을 떠났다. 아버지를 보내면서도 눈물을 흘리지 않으려고 애썼다.

어느덧 아버지가 살았던 날보다 더 많은 세월을 살고 있다. 아이들을 키우면서 알았다. 방황하는 아들의 철없는 행동이 아버지 가슴에 얼마나 큰 상처가 되었는지를. 아들의 목소리를 듣는 것으로 보이지 않는 서러움을 달래던 아버지 마음을 이해했어야 했다. 교복을 입고 사립문을 나서는 아들을 한 번만이라도 보고 싶어 했을 간절함을 알았어야 했다. 배나무로 향하는 한 걸음 한 걸음이 절망의 날들을 버틸 수 있게 하는 힘이었을 것이다. 그 걸음을 가볍게 해 드려야 했었다. 보이는 것이 다가 아니다. 눈으로 보는 것보다 더 많은 것을 마음으로 볼 수 있다는 걸 알았다. 못 본 척 지나가는 아들을 아버지는 보고 있었는지도 모른다. 부모 된 도리를 한다는 것이 힘겹다. 아버지로 산다는 건 아들로 살았던 시절에 대한 빚을 갚아나가는 것이다. 좋은 아버지의 삶이 내겐 눈물겨운 사치일지 모른다. 나는 아들이 오는 길목에 앉아 얼마나 많은 시간을 기다려 줄 수 있을까.

  살면서 겪는 일들이 모두 아름다운 추억이 되는 것은 아니다. 미련이 되고 그리움이 되고, 가슴 한구석에 겹겹이 쌓여 한으로도 남는다. 삶에 지쳐 포기하고 싶어질 때, 제 몸을 덮을 만큼 많은 꽃을 피우던 돌배나무가 생각난다. 단 하루만이라도 옛날로 돌아갈 수 있다면 돌배나무 아래 웅크리고 앉은 아버지 품에 안겨 실컷 울고 싶다. 마지막까지 한 번도 하지 못했던 말을 하면서.

  사랑한다고.

2018. 3

내려놓기

우리는 행복하게 살기를 원한다. 그러나 실제 행복하다고 생각하며 사는 사람은 그리 많지 않다. 행복이란, 생활 속에서 나타나는 기쁨과 만족 등 주관적인 느낌들이다. "대부분 사람은 자신이 마음먹은 만큼만 행복하다." 에이브러햄 링컨의 말이다. 각자가 느끼는 행복의 크기는 제각각이다. 같은 상황이라도 어떤 마음으로 대하느냐에 따라 달라진다. 받아들이는 사람의 마음에 따라 크게도 작게도 느껴지는 것이다. 행복에 대해 갖는 가치관이 저마다 다를 수밖에 없다.

몇 달 전부터 자주 복통을 호소하던 아내가 혈변을 보았다. 체중도 며칠 사이 부쩍 줄었다. 출근하면서, 아프면 병원에 가보라고 퉁명스레 지나가듯 말했다. 참고 견딜 만했는지, 병원에 가지 않고 또 며칠이 지났다. 의사는 대장내시경 정밀검사를 하자고 했다. 검사 가능 날짜를 예약하고, 음주와 잡곡 및 해조류의 섭취를 피하라는 안내문과 약을 받아 왔다. 여러 가지 주의 사항을 빠뜨리지 않고 귀담아들었다. 약제를 물에 타서 마시는 것이 만만

해 보이지 않는다. 먹지 못해 괴로워하는 것 못지않게 먹은 걸 비우는 것도 많은 고통이 따른다는 걸 알았다. 검사를 위해 준비를 한 것에 비하면 정작 검사는 오히려 간단했다.

아내는 마취에서 깨어나기 위해 수면실에 누워 있었다. 잠들어 있는 아내의 얼굴을 내려다본다. 곱던 얼굴에 주름이 많이 생겼다. '솔잎도 지는 때가 있고 곧은 대도 굽는다'고, 변치 않을 줄 알았는데 희끗희끗한 머리도 제법 보인다. 얼마나 고생했는지. 남편이라는 이름으로 아내를 힘들게 했던 일들이 생생하게 되살아난다. 여유롭지 못한 생활이었다. 손에 물 묻히고 살지 않게 하겠노라 약속한 바는 없지만, 고생은 시키지 않으리라 다짐했다. 하지만 살아오면서 삶이 순탄하지만은 않았다. 열심히 사는 것과 잘 사는 것이 반드시 일치하지 않음에 마음 졸이고 긴장하며 살아온 날들이었다. 아이를 업고 시장에 갔다가 어지러워 쓰러졌다는 이야기를 들었을 때도 고작 철분제 하나 사서 건넨 것이 전부였다. 아이 셋을 낳아 기르면서 삼십 년 가까이 살아오는 동안, 단 한 번이라도 내 손으로 생일 국을 끓여 준 적이 있었던가. 자신을 지우고 어머니로서 아내로서 가족을 위한 헌신적인 삶을 살아온 아내다. 지난해, 아내와 결혼한 지 일 만일이 되는 날을 맞이하여 라디오* 방송을 통해 감사의 말을 전한 적이 있다. 말로 다 하지 못한 마음을 짧은 글로 대신 한 것이다. '아무것도 해준 게 없어서 미안합니다. 당신이 내 아내로 살아 줘서, 내가 당신의 남편이라는 이름으로 살게 해줘서 감사합니다. 행복합니다.'

의사는 출혈 흔적이 선명한 사진을 보여 주며 자세한 것은 조직 정밀검사 결과가 나오면 알려 주겠다고 했다. 아내는 큰 병이

---

* MBC FM4U 91.9MHz 세상을 여는 아침 이재은입니다.

아니어야 할 텐데 하며, 촉촉해진 두 눈을 애써 창밖으로 돌린다. 지친 몸이 아픈 소리를 하는데도, 곰 같은 아내가 알아채지 못하고 지낸 것이다. 걱정하지 말라며 손을 잡아주었다. 삶이 늘 내 편이 되어 준 것은 아니지만, 특별히 등 돌려 나만 힘들게 하지 않았으니, 이번에도 별일 없을 거야. 괜찮아. 주문을 걸듯 스스로 위안해 보지만 불안은 내게로도 전해왔다.

검사 결과가 나오길 기다리는 10여 일은 생각보다 긴 시간이었다. 결과가 좋지 않게 나오면 어쩌나. 혹시 심각한 병이라도 있는 것은 아닐까. 지금껏 살면서 무슨 일이 일어난 뒤거나, 시간이 지나고 나서 후회하는 경우가 많았다. 아프고 난 뒤 건강을 챙기지 못한 걸 후회하거나, 사랑하는 사람이 떠난 후에 잘해주지 못한 걸 마음 아파하는 일도 있었다. 철없이 써버린 지난날들이 고스란히 근심되어 마음을 무겁게 했다. 신문을 봐도 암이나 간 질환. 당뇨라는 제목의 내용이 유난히 크게 보였다. 심각하게 생각하지 않으려 해도, 어두운 천정을 바라보며 밤을 보내는 시간이 늘어갔다.

아내가 건강을 잃고 나서 아프지 않았던 예전의 날들이 행복이었음을 이제야 느낀다. 난 지금껏 행복하다고 생각하는 것보다 불행하다고 느끼는 경우가 더 많았다. 살아온 날들에 대한 아쉬움과 나이가 들어간다는 것에 대한 초조함이 스스로 움츠러들게 한다. 부정적 연민에 빠져 세상을 탓하기가 일쑤였다. 남과 비교하면서 허탈해하거나, 어쩌다 나보다 더 힘겨워하는 사람을 보면 나도 모르게 그것으로 위안 삼기도 했다. 행복이란 대단하고 거창한 것이라야 얻을 수 있는 것이라고 믿었다. 어쩌다 원하는 것을 얻었을 때도 기뻐하기보다는 더 큰 것을 얻지 못한 것을 아쉬워했다. 먹고사는 것에 집착해 어떻게 살아갈 것인지에 대한 생각 같은 것은 할 겨를이 없었다. 행복을 느끼는 법을 전혀 알지 못하고 있었는지 모른다. 행복해지는 것도 많은 준비와 연습이 필요한 모양이다. 원하는 것을 얻었을 때 못지않게 잃지 않은 것도 감사해야 할 일이라는 걸 알았다. 바라는 것을 다 이루지 못했어도, 비록 크지 않더라도 만족할 수 있어야 한다. 작은 것에서 즐거움을 찾는 여유를 이제라도 알 수 있었으면 좋겠다. 아내가 건강하다는 결과만 나오면 무엇이든 같이 할 수 있을 것 같다. 만족할 줄 아는 삶, 마음을 비워 세상을 아름답게 보는 삶을 살겠노라 마음먹어 본다. 마음이 좁아지면 바늘 하나 꽂을 공간이 없다고 했다. 낮은 마음으로 배려하고, 나눌 수 있는 겸손한 삶을 살겠다고 생각한다.

궤양성대장염. 처음 아파본 사람에게는 이름도 생소한 병이다. 대장에 염증 또는 궤양이 생겨 출혈을 일으키는 염증성 장 질환이다. 정확한 원인은 밝혀지지 않고, 유전. 환경적 요인과 자가면역질환 등이 원인으로 추정되고 있다. 긴 세월 혹사한 몸이 제 고달픔을 견디지 못하고 문제를 일으킨 것이다. 완치할 수 있는 치료법은 없고 악성 종양으로 변절하지 않도록 약물요법 등으로 장기간 치료를 해야 한다.

비우며 살겠다고 늘 다짐해 보지만 여전히 욕심이 앞선다. 원하는 것을 얻는 것만이 행복이라 생각한 때가 있었다. 꿈이라는 이름으로 포장해 차곡차곡 욕망을 쌓았다. 욕심이 더해갈수록 삶은 위태롭게 된다. 살면서 원하는 것을 모두 얻을 수는 없다. 바라는 것이 다 이루어진다고 하여 그것이 꼭 좋은 일이 아니라는 걸 알았다. 특별하게 얻은 것 없어 보이는 평범한 일상들이 모여 행복을 만든다. 많은 사람이 관심이 있는 말이 '행복'이다. 행복을 좀 더 많이 느끼며 살아갈 수는 없을까. 욕심을 내려놓고 마음을 비워야 한다지만 잘되지 않는다. 내려놓는다는 것은 마음을 비우는 것이다. 현실 도피나 포기가 아니다. 바라는 마음, 얻고자 하는 욕심을 줄이자는 의미다. 그것이 소극적으로 살아야 한다는 의미는 더욱 아닐 것이다. 무언가를 바라고 그것을 얻기 위해 열심히 살아가는 것은 바람직하다. 스스로 감동할 정도로, 돌아보아도 후회하지 않을 정도의 노력은 필요하다. 그러나 살다 보면 자기 능력의 한계가 드러날 수도 있다. 그럴 때 요행을 바라게 된다. 힘들이지 않고 자신의 역량 이상의 것을 원하는 것은 욕심이다. 적은 노력으로 더 많은 것을 얻으려 하는 어리석음을 버려야 한다는 것이다. 만족할 줄 아는 겸손한 삶을 다짐한다. '사람의 괴로움은 끝없는 욕심에 있다. 자기 분수에 맞게 만족할 줄 안다면 마음은 항상 즐겁다. 행복이란 쫓아가서 구할 것이 못 된다. 다만 즐거운 표정과 웃음을 늘 띠고 있음으로써 복이 들어오는 근본으로 삼아야 한다.'는 채근담의 구절을 다시금 생각해 본다.

　'신은 인간이 이겨 낼 수 있는 만큼의 시련을 준다.'고 한다. 삶에 대한 대가를 치르는데 이 정도는 기꺼이 감내해야 할지도 모른다. 충분히 이겨낼 수 있다. 아직 사랑할 기회를 준 것에 감사하다. 앞으로 살아가는 동안에 사랑하고 그리워해야 할 것이 많다는 것을 새삼 느끼며, 더 많이 이해하고, 감사할 줄 아는 삶을 그려본다. 햇살 내리는 하늘이 푸르다. 세상의 모든 것을 가진 것 같은 부유한 마음으로 오늘을 맞는다.

2018. 11

산자락에서 부르는 노래

존재만으로 충분하다.

 충청도 산골에 한 여자가 살았다. 한국 전쟁으로 삶의 터전을 잃고 떠돌이 생활을 하던 어느 해, 북에서 월남한 남자를 만났다. 그는 전쟁이 끝나면 고향에 갈 수 있으리라 생각하고 내려왔지만 돌아가지 못하고 있었다. 휴전선이 길을 막은 것이다. 두 사람은 서로 의지하며 살기로 했다. 피차 피붙이 하나 없는 외로운 처지였다. 궁핍한 삶에 혼인신고조차 하지 못했다. 이듬해 딸을 낳았다. 그러나 몹쓸 병에 걸린 남자가 두 돌 지난 딸이 아빠라 불러 보기도 전에 세상을 떠났다. 졸지에 남편을 잃은 여자는 미군부대 등을 전전하며 허드렛일을 하며 살았다. 오롯이 홀로 이겨낸 모진 세월, 어렸던 딸은 세 아이의 엄마가 되었다. 장성한 손녀가 시집가는 것을 보며 이제 겨우 삶의 안식을 찾은 그녀. 불행하게도 온 나라를 공포에 빠뜨리며 매섭게 확산하던 코로나19가 그녀를 그냥 두지 않았다. 격리되어 있던 중 그토록 사랑하는 딸의 얼굴을 보지도 못한 채 눈을 감았다.

오랜만에 아내와 함께 산행에 나섰다. 엄마를 멀리 보내고 힘겨워하는 마음을 조금이나마 추스를 수 있을까 해서다. 산에 오면 마음이 평온해진다. 평소에 무심히 지나치던 들꽃이 보이고, 잘 들리지 않던 솔바람 소리에도 귀 기울이게 된다. 유유히 흐르는 북한강 물줄기와 어우러진 산자락이 유월의 한복판에 흠뻑 녹아들었다. 눈길이 머무는 곳 그 어디나 푸르름이 넘실거린다.

북위 38도선을 넘어 도착한 오지 마을 만산 비래봉. 하늘을 찌를 듯 웅장한 바위가 만산 계곡을 지키고 있다. 금강산에서 날아온 바위라 해서 비래암(飛來岩)으로 불리는 바위다. 약 1억 년 전 중생대 백악기 시절에 지하 깊은 곳에서 올라온 화강암질 마그마가 기반암에 관입하면서 형성된 반화강암체다. 1억 년이라는 세월 동안 차별풍화(差別風化)와 침식(浸蝕)을 거치며 병풍 같은 모습으로 서 있다는 것이 놀랍다. 더구나 백 년도 채 살지 못하면서 1억 년의 나이를 헤아리려 하다니.

'겁(劫)'이란 산스크리트어의 칼파를 한역한 말로, 헤아릴 수조차 없이 길고 긴 시간을 일컫는다. 소달구지로 하루에 갈 수 있는 거리의 성안에 겨자씨를 가득 채운 후, 100년에 1알씩 집어내어 그 겨자씨가 다 없어지는 시간보다도 더 긴 시간을 말한다. 2천 겁의 인연이라야 하루 동안 동행할 수 있고, 이웃으로 태어나기 위해서는 5천 겁의 인연이 있어야 한다. 또한 억겁의 세월을 넘어야 부부의 연으로 살 수 있다고 한다. 상상조차 할 수 없는 우주의 시간. 오랜 세월이 만들어 놓은 신비의 비래암 앞에 아내와 나란히 섰다. 억겁의 선연(善緣)으로 만나 찰나(刹那)의 순간을 살아가는 우리 두 사람. 부부로 만나는 것, 부모와 자식으로 맺어지는 것, 그리고 그 매듭이 풀어지는 것, 이 모든 것들이 억겁의 인연으로 결정되는 것이다. 인연의 자락에 든 모든 것은 거스를 수 없는 것이다.

뒤돌아볼 겨를 없이 살아온 삶이었다. 어렵게 만난 인연, 아껴주며 살았어야 했는데 그러지 못했다. 항상 사랑하고 존중하며 살겠다는 다짐은 그리 오래가지 못했다. 다투기도 하고 상처 주는 일도 많았다. 맘껏 욕심부리며 원하는 것을 얻는 것만이 행복이라 생각했다. 그러나 원하는 것을 모두 얻을 수는 없었다. 바라는 것이 다 이루어진다고 하여 그것이 꼭 좋은 일이 아니라는 것도 지금은 안다. 고운 햇살이 길게 산 그림자를 만든다. 먼 하늘을 바라보는 아내의 얼굴에 노을이 진다. 살며시 아내의 손을 잡았다. 아내가 말없이 미소를 짓는다. 행복은 사소한 것에 있다. 특별하게 얻은 것 없어 보이는 평범한 일상들이 모여 행복을 만든다. 행복의 무게는 마음의 추를 어느 쪽으로 두느냐에 따라 달라진다. 마음에 여백을 주는 삶, 만족할 줄 아는 겸손한 삶을 다짐한다.

-당신과 함께 산자락 거니는 이 시간이 내겐 큰 행복입니다. 부부의 인연으로 살아온 34년의 세월. 세 아이를 낳아 어엿한 사회인으로 성장시킨 인고의 삶에 고마움을 잊을 수 없습니다. 쉰 끝자락에 선 당신의 입술 가에 생긴 잔주름. 나이 들면 주름살 먹고 산다지만, 가슴을 아리게 합니다. 소소한 일을 가지고 마음에 상처를 주어도 너그럽게 흘려보낼 때 무안함을 느낄 때가 한두 번이 아니었음을 솔직히 고백합니다. 부질없는 욕심으로 무거운

짐을 짊어지게 한 바보 같은 나 자신이 밉기도 합니다. 마음의 문을 활짝 열지 못하고 닫아 두었던 삶이 무척이나 후회스럽습니다. 지난날 잘못은 곱게 물든 석양 노을에 띄워 버리고, 남은 삶은 아끼고 배려하며 살았으면 합니다. 그러다 보면 지순한 사랑의 몸짓들이 실타래처럼 차곡차곡 쌓여 갈 것입니다. 억겁의 연(緣)이 만들어 준 찰나의 끄나풀을 놓지만 않는다면.

사람의 괴로움은 끝없는 욕심에 있다. 자기 분수에 맞게 만족할 줄 안다면 마음은 항상 즐겁다. 행복이란 쫓아가서 구할 것이 못 된다. 다만 즐거운 표정과 웃음을 늘 띠고 있음으로써 복이 들어오는 근본으로 삼아야 한다.
-채근담-

2022. 6

어마님ᄀ티 괴시리 업세라 (思母曲)

호미도 놀히언마ᄅᄂ 　　　호미도 날이지만
낟ᄀ티 들 리도 업스니이다 　　　낫같이 들 것도 없습니다

아바님도 어이어신마ᄅᄂ 　　　아버님도 어버이시지마는
위 덩더둥셩 어마님ᄀ티 괴시리 업세라 　　　어머님같이 사랑하실 리가 없습니다

아소 님하 　　　아시는가 님이시여
어마님ᄀ티 괴시리 업세라 　　　어머님같이 사랑하실 리가 없습니다

<악장가사>

　어머니의 첫 기일이다. 산소는 다행히 별문제 없다. 장마에 일부 쓸려 내린 부분은 지난 추석 성묘 때 손을 봐 둔 터였다. 잔디도 제법 잘 살아 있다.
　고향 집 담장 옆에 서 있는 감나무는 잎을 거의 다 떨구었다.

까치밥으로 남긴 감이 가지 끝을 잡고 바람에 흔들린다. 어머니는 치맛자락에 매달리는 우리 육 남매를 끔찍이도 사랑했다. 자식들의 배고픔을 달래주기 위해 잠시도 쉴 틈 없이 일했던 어머니. 그러면서도 일찍 아버지를 여읜 우리가 잘못될까 봐 늘 노심초사하며 살았다. 가슴 한쪽에 묻어 둔 남편 잃은 설움 따위는 꺼내 볼 엄두조차 못 냈다. 어머니가 드리는 기도의 가장 큰 염원은 우리 육 남매의 무사(無事)였을 것이다.

어머니에 대한 기억은 대부분 힘겨운 삶의 모습으로 남아 있다. 설이 다가오면 보름 전부터 온 동네가 만두와 두부를 만들며 명절 준비를 했다. 방앗간이 없는 깊은 시골이었다. 가래떡을 하는 날짜가 잡히면 떡을 뽑는 기계가 멀리서 찾아왔다. 금방 시루에 찐 쌀에서는 구수한 김이 올라온다. 경운기 모터에 벨트를 걸어 돌리는 기계는 익은 쌀을 먹기 바쁘게 떡가래를 뱉어내기 시작한다. 주변에서 놀다가 떡 먹을 때를 정확하게 알고 달려온 아이들에게 어른들은 엄지손가락만 하게 떡을 잘라주었다. 가난했던 산골에서 떡 뽑는 날은 특별한 날이다. 어른들은 일 년 중 몇 안 되는 풍요로운 하루를 보내고, 아이들에게는 가장 신나는 날이었던 이날. 어머니는 여전히 고단한 시간을 보내야 했다. 어머니는 방앗간 주인을 도와 허드렛일을 했다. 지금은 흔한 고무장갑도 끼지 못한 맨손으로 가래떡을 받아낸 광주리나 고무대야를 닦았다. 그렇게 온종일 방앗간 일을 돕는 것으로 가래떡 뽑은 삯을 대신했다.

뒤뜰의 야트막한 돌계단 위로 장독대가 있다. 산비탈 아래 터를 잡은 집이기에, 뒤뜰이라고 해봐야 뒤꼍과 산자락이 서로 자리다툼으로 한 발씩 밀고 당겨 나오며 만들어 놓은 좁은 공간이다. 저녁밥 짓는 아궁이의 솔가지 타는 연기가 산으로 오르기 전에 먼저 들리는 곳이다. 한 끼 거르는 것쯤은 일상이 되어 버린 그때, 자식들의 허기를 달래주기 위해 어머니는 이곳을 분주하게 오르내렸다. 장독대는 어머니가 속마음을 내보이는 유일한 공간이었다. 고단한 삶에 지칠 때면 장독대에 올라 빈 하늘을 올려다보았고, 오늘같이 하늘이 푸릇한 날이면 시린 햇살을 이고 장독대 항아리를 닦았다.

 어머니는 헛간 옆에 작은 광을 만들었다. 어머니는 사흘 삯일을 해 주고 나서야 장도리꾼 품앗을 얻었다. 광은 헛간과 부엌 사이 일년내 감나무 잎이 수북하게 쌓여 있는 곳에 자리를 잡았다. 부엌 쪽 흙벽에 기둥을 덧대고 옹이가 박힌 널빤지를 겹으로 이어 바람을 막은 다소 보잘것없는 모양새였으나, 물건을 놓을 수 있게 시렁도 올리고 선반도 걸었다. 옹색한 찬장을 벗어난 부엌 세간들과 마늘, 고추, 호박 등 요긴한 먹거리들이 가득 차길 바라는 맘으로 광을 만들었다. 각종 살림살이가 정리되어 있고 다음 해에 뿌릴 씨앗과 종자도 보관할 수 있는, 안살림의 중심이 되는 듬직한 곳간이 되길 바랐다. 하지만 마음과는 달리 광에 곡식이 채워 진 적은 거의 없었다. 도둑이 들지 않도록 광 단속을 하기 위해 사다 놓은 자물통은 단 한 번도 채워 보지 못했다. 변변한 살림살이가 없다 보니 광으로 들어올 것이 많지 않았다.

 '광에서 인심 난다'는 말이 무색하게 시렁 아래에는 떡쌀을 받아본 지가 언제인지 모를, 한쪽 귀가 떨어져 나간 시루가 먼지를 뽀얗게 뒤집어쓴 채로 엎어져 있었다. 고사리와 홑잎 등 봄철에

말린 나물들이 섞인 채로 반쯤 부서져 소쿠리에 담겨 선반에 올려 있고, 새끼줄에 엮인 시래기는 허옇게 곰팡이가 피었다. 마시다 남은 됫병 짜리 선양 소주병이 김이 빠지지 않도록 비닐로 주둥이만 막힌 채 빈 궤짝 옆에 비스듬히 세워져 있었다. 이른 봄에 심었어야 할 감자는 싸리채가 삐져나온 광주리 위에서 늙은 주인 손등보다 더 쭈그러든 채로 썩어갔다. 헛간에는 호미 몇 자루와 낫, 괭이 등 연장이 흙벽에 나란히 걸려 있다. 평생 밭에서 농사일하였던 어머니의 분신들이다.

자라면서 어머니의 가슴을 아프게 한 일이 너무 많았다. 아니, 어른이 되어서도 어머니의 마음을 편하게 한 적이 거의 없다. 내 삶에서 어머니는 늘 뒷순위였다. 언제 한 번 바깥에서 밥을 먹자고 몇 번씩이나 말해 놓고 그 약속은 번번이 지켜지지 않았다. '시골에 한 번 내려갈게요' 하는 전화는 어머니를 마냥 기다림에 묶어 두었다. 대부분 바쁘다는 핑계로 내려가지 못한 것이다. 회사에 일이 많아지거나 아이들에게 문제가 생기기 일쑤였다. 어머니와의 약속은 그리도 지키기 어려웠던 것인지. 그럴 때마다 미안한 마음이 있어도 차마 말을 하지 못했다. 멋쩍어 머뭇거리다 마음을 전할 기회를 자꾸 놓치게 된 것이다. 내 삶에 간절한 바람이었던 어머니의 건강이 무너질 때도 아무런 말을 하지 못했다. 왜 그토록 어머니에게는 말을 아끼고 살았는지. 그렇게 하지 못한 말들은 이제는 영원히 할 수 없게 되었다.

살아가면서 말을 아껴야 하는 경우가 있다. 말이 적어 잘 못 되는 것보다 말이 많아 탈이 나는 경우가 많다지만 할 말은 하며 살아야 한다. 꼭 해야 할 말을 아껴두거나 다음으로 미루어서는 안

된다. 때를 놓치면 그 말을 평생 하지 못할 수도 있다. 사랑한다. 고맙다. 미안하다. 아끼지 말아야 하는 말들이다.

'어마님ᄀ티 괴시리 업세라'

2019. 11

부모가 된다는 것은

생후 2주 된 아들을 던지고 때려 숨지게 한 친부에게 중형이 선고됐다. 전주지법 제11형사부는 9일 살인 및 아동학대 혐의로 구속기소 된 A(24) 씨에게 징역 25년을 선고했다. (연합뉴스 2021-08-09)

어린 자식을 죽였다. 죗값은 징역 25년. 들끓던 세상은 이내 잠잠해졌다. 어디선가 들려오는 또 다른 아이의 울부짖음은 세상에 묻힌다. 아동학대는 신체적, 정서적 학대가 주를 이룬다. 최근에는 성적 학대가 늘어나는 추세이고, 방임·유기 등 여러 유형의 학대가 동시에 일어나기도 한다.

아동학대 건수는 해마다 늘고 있다.* 보호자의 적절한 보호를 받지 못하는 상황에 노출된 아동이 지속해서 발생하는 것이다. 양적 증가뿐만 아니라 피해 내용 또한 입에 담지 못할 정도로 참혹하다. 아동학대의 증가는 고위험 가족으로 분류되던 빈곤가정이나 한부모가정 등에 국한되지 않고 일반 가정으로 확대되는 것으로 해석될 수 있다. 경제위기, 가족해체, 부모의 사회적 고립,

---

* 대검찰청에 따르면 올해 들어 지난달까지 국내 아동학대 사건 접수는 7,205건에 달했다. 지난 2018년 전체 아동학대 사건 6,160건을 크게 웃도는 수치다. 2016년 4,580건이었다는 점을 고려하면 불과 5년 만에 3배 이상 늘어난 셈이다. (서울경제 2021.07.23.)

등의 영향으로 가족 내 아동보호 기능이 점차 약화한 탓이다.

아동학대 가해자는 부모인 경우가 가장 많고 다음으로 대리 양육자, 친인척, 타인의 순이다. 지난해(2020년) 통계청 자료에 따르면 가해자의 77%가 부모이고, 학대의 80%는 가정에서 일어났다. 가정 내 학대는 자녀 양육에 있어 엄격한 훈육이 강조되었던 문화적 특수성도 한몫한 것으로 보인다. 우리 사회는 아동에 대한 인격이나 주체적 판단 능력을 인정하지 않는 분위기가 강했다. 그러다 보니 내 자식을 내가 가르치는데 뭐가 문제냐 라는 부모들이 많았다. 훈육을 가장한 가혹행위가 빈번히 발생한 것이다. 더구나 친권이 강하기 때문에 아이들을 소유물로 인식하는 경향이 있다. 자녀가 부모의 소유물이라는 가부장적 인식이 아동의 애착, 대인관계, 적응 등에 문제를 야기하고 신체적으로는 작은 상해에서부터 살해에 이르기까지 심각한 결과를 초래한다. 자녀는 부모의 소유물이 아니다. 부모의 잘못된 신념 때문에 아이들이 고통받고 있다. 특히 가정 내 학대는 부모가 직접 가해자가 아니더라도 보호 능력이 없는 경우가 많아 오랫동안 지속될 가능성이 크다. 학대 기간이 길어질수록 피해 아동의 후유증 역시 심각해질 수밖에 없다.

부모가 된다는 것은 무한한 책임을 동반한다. 부모는 누구라도 될 수 있지만, 부모다운 부모가 되는 것은 큰 노력이 따라야 한다. 어릴 적 부모에게 혼이 나거나 매를 맞은 기억이 별로 없다. 말을 잘 듣는 착한 아이라서가 아니라 욕심 없이 살아온 시골의 분위기 덕분이었다. 그런데 정작 내가 부모가 되어서는 그리하지 못했다. 아이들 셋을 키우면서도 어떻게 교육해야 하는지 잘 몰랐다. 문제가 생길 때마다 대화보다 먼저 목소리가 커지는 경우가 많았다. 따스한 격려나 칭찬보다는 엄격하고 냉정한 태도로 나무라기 일쑤였다. 때론 사랑이라는 이름으로 회초리를 들기도 했다. 나중에 아이들이 크면 자신의 앞날을 위한 행위였음을 알아줄 것으로 생각했다. 하지만 사랑이라기보다 나 스스로에 대한 화풀이와 아이에 대한 집착 그 이상의 의미는 없었다는 것을 오랜 시간이 지나서야 알게 되었다. 아이들도 자율적인 인격체임을 인정하고 대했어야 했는데 그러지 못했다. 30여 년 전 자녀 교육에 대한 사회의 시류였다고 치부하기엔 핑계에 불과하다. 존중받은 아이가 타인을 존중할 줄 알며 책임 있는 생활을 한다는 걸 알지 못한 것이다.

최근 경제적 문제가 고스란히 아이들 학대로 이어지고 있다는 의견이 분분하다. 장기화하는 코로나19 상황이 아동학대에 영향을 미쳤다는 것이다. 이런 인식은 위험하다. 아동학대 문제 해결에 별 도움이 되지 않는다. 이제 아동학대는 개인적 결함보다는 계층 간 괴리의 완화 등 사회적인 측면에서 접근할 필요가 있다. 지금껏 아동학대에 대한 대처는 중앙정부가 주도적으로 이끌어 왔다. 정부가 대책을 발표하면 지자체와 지역사회가 이를 쫓아가는 형태로 대처하고 있다. 사회 서비스 영역에서 지역사회에 자율성을 부여하는 것으로 변화를 주어야 할 때다. 아동학대가 일어나는 현장은 마을, 동네, 집이다. 이런 지역사회는 각각의 특성을 보인다. 개별성에 부합하는 맞춤형 대책이 마련돼야 한다. 최소한 일정부분 지역사회가 주도하는 방식의 역할 분담 구조가 형성돼야 한다. 지역사회의 아동학대, 아동보호에 대한 시각 전환이 절실하다.

　아동학대를 근절하기 위해서는 가정에서의 학대를 예방하는 것이 최우선이다. 이때 이웃의 협력이 절대적이다. 이웃이 함께 아동학대를 조기 발견하여 차단할 수 있도록 노력해야 한다. 문제는 우리 사회가 간섭하는 것을 싫어한다는 것이다. 굳이 남의 일에 끼어들어 문제의 소지를 만들 필요가 있겠냐는 생각이 지배적이다. 공동체의 복원이 시급한 이유다.

　이웃과 함께 살아가는 것을 거창하게 생각할 필요는 없다. 마음만 있으면 그리 어려운 일이 아니다. 간섭받기 싫어하는 개인주의 성향에서 함께 살아가야 한다는 사고의 전환만 있으면 된다. 아파트의 경우 체력단련실 및 실내 공간을 여러 용도로 사용하는 곳이 많다. 적극적으로 참여해 보자. 지역의 문화 센터 등을 이용하는 것도 방법이다. 각종 프로그램에 동참하며 이웃과 소통한다면 도움이 될 것이다. 요즘은 동네 주변 공원에 각종 운동기구 등 체육시설이 많이 설치되어 있다. 이웃들과 대화를 나누는 데는 그리 많은 시간이 필요하지 않다.

　아동보호는 기본적인 권리 중 하나이고 그 권리를 지켜주는 것은 어른들의 몫이다. 아이들이 보호받는 행복한 사회를 만드는 것, 더는 미룰 일이 아니다.

2021. 8

지키지 못한 약속

신랑, 신부 서약이 있겠습니다.
두 분께서는 엄숙하고 경건한 마음으로 분명하게 대답하세요.
먼저 신랑에게 묻겠습니다.
박OO 군은 홍OO 양을 아내로 맞이하여 어떤 상황에서도 항상 사랑하고 존중하며 어른을 공경하고 진실한 남편으로 해야 할 도리를 다하여 행복한 가정을 이룰 것을 맹세합니까.

30여 년 전. 산골 나무꾼이 선녀의 옷을 훔쳤다. 날개옷을 잃은 선녀는 가난한 나무꾼과 결혼을 했다. 결혼식 날, 하객들 사이로 걸어오는 선녀의 모습에 나무꾼은 넋을 잃었다. 하얀 깃털이 달린 드레스에 수줍은 미소. 세상 그 무엇이 저토록 아름다울 수 있을까. 주례가 읽어주는 혼인 서약에 대답하며 나무꾼은 다짐했다. 평생 선녀를 위해 살 것을. 목숨이 다하는 날까지 사랑해 주겠노라고.

선녀와 결혼한 지 강산이 세 번 변할 만큼의 세월이 흘렀다. 그

동안 선녀는 날개옷을 주어도 하늘로 올라갈 수 없는 세 아이의 엄마가 되었다. 아이들을 낳을 때 내가 어땠는지 정확히 기억하지 못한다. 다만 아빠가 된다는 것에 대한 책임감과 두려움이 동시에 다가왔던 것 같다. 얼떨결에 첫딸을 얻고, 둘째 딸이 태어났을 때도 잠깐 병원에 들러보고 바로 출근했다. 셋째를 낳을 때야 겨우 아내 곁을 지켰다. 그것이 아내는 서운했던 모양이다. 딸 둘을 낳을 때는 시큰둥하더니 아들을 낳으니 간호사에게 꽃다발까지 사다 주며 좋아하더라는 얘기를 지금도 심심찮게 한다. 딸이라서 그랬던 것이 아니었는데.

　뒤돌아볼 겨를 없이 바쁘게 살아온 삶이다. 살면서 늘 행복할 수는 없었다. 다투기도 하고 아내에게 상처를 주는 일도 많았다. 항상 사랑하고 존중하며, 진실한 남편으로 해야 할 도리를 다하겠다는 약속을 지키지 못한 것이다. 회사 동료나 친구들에게 하는 약속은 대부분 실수 없이 지켰다. 하지만 아내와의 약속은 왜 그리 소홀이 생각했는지.

신랑: 나 000은 000을 아내로 맞아 다음과 같이 약속합니다.
신부: 나 000은 000을 남편으로 맞아 다음과 같이 약속합니다.
신랑: 아내의 메이크업 전후가 다르고, 한 번씩 머리를 안 감아도 사랑스럽게 바라보겠습니다.
신부: 평일 업무에 시달렸을 남편을 배려해 주말에는 늦잠을 자도록 허락하고 맛있는 음식을 만들어 주겠습니다.
신랑: 아내가 해 주는 음식은 무엇이든 맛있게 먹고 더는 배가 나오지 않도록 운동을 열심히 하겠습니다.

신부: 속옷과 양말을 뒤집어 놓아도 화내지 않고 세탁기가 그랬다는 남편의 말을 믿겠습니다.
신랑: 열심히 일해서 일 년에 한 번은 아내가 좋아하는 여행을 가도록 하겠습니다. 형편이 안되면 혼자라도 보내겠습니다.
신부: 쇼핑은 계절에 한 번만 하겠습니다. 값비싼 화장품은 장롱에 숨겨두고 쓰겠습니다.

지난번 조카 결혼식에서 들은 혼인 서약이다. 현실적이고 감성적인 내용에서 재치가 엿보인다. 요즘 젊은 세대는 개성적인 예식을 선호한다. 주례 없이 사회자의 진행으로 꼭 모시고 싶은 지인과 친구들만 초대하여 여유 있는 축하를 즐긴다. 코로나19 영향도 있겠지만 간소하게 치르는 추세다.

폐백 때 신랑 신부 앞에 기러기 모형을 놓고 예를 올리는 풍속이 있다. 이런 예를 올리는 것은 기러기가 지닌 덕목을 본받자는 뜻이라고 한다. 기러기만큼 상징성이 풍부한 새는 드물다. 우선 윗사람을 공경하며 살라는 의미를 담고 있다. 기러기는 상하 질서를 중요시하며 잘 지킨다. 날아갈 때도 행렬을 맞추며 앞서가는 길잡이가 울면 뒤따라가는 놈들도 울음으로 화답한다. 그리고 기러기는 왔다가는 흔적을 분명히 남기는 습성이 있다. 후세에 자기 삶의 흔적은 남겨야 한다는 의미다. 또한 기러기는 형제간의 우애를 상징한다. 기러기가 줄지어 날아가는 모습을 안행이라 한다. 이 행렬이 형제간의 우애를 상징하는 것처럼 보인다고 하여 형제를 이르는 말인 안항(雁行)이라 부르기도 한다. 더구나 기러기는 사랑의 약속을 영원히 지키는 동물로 알려져 있다. 한 번

짝을 만나면 평생을 함께한다. 어쩌다 짝을 잃게 되더라도 결코 다른 짝을 찾지 않고 홀로 지낸다. 가을을 알리는 동시에 사람이 왕래하기 어려운 곳에 소식을 전해주는 새. 예로부터 이처럼 신의가 두텁고 부부애가 깊은 기러기를 앞에 놓고 사랑을 다짐한 것이다.

'한번 약속을 어기는 것보다 백번 거절해 기분을 상하게 하는 편이 오히려 낫다'라는 말이 있다. 약속을 지키느냐 못 지키느냐 차이는 크다. 작은 약속이라도 신중해야 했는데 그러지 못한 것이 아쉽다. 각자 추구하는 삶이 어떠해야 한다고 단정하기는 어렵지만, 적어도 약속은 지키며 살아야 하지 않을까. 사소한 약속이라도 상대에게 피해를 주지 않도록 지켜가는 삶. 하물며 평생 사랑을 맹세한 사람에게야 더 말해 무엇할까.

2021. 4

그땐 그랬지

메기와 빠가사리와 불거지와 얼룩동사리와 꺽저구와 퉁가리가 꿰인 버들가지 꿰미를 부엌에 들이밀던 그 아침
물 건너 작대보에서 물안개 속에 주낙을 걷어온 검정 고무신의 아침

장철문 _정제문 앞에서

 듣기만 해도 가슴 저미는 말이 있다. 부엌. 그곳은 어머니의 공간이었다. 고된 삶에 지친 마음 애써 삭이던 곳이다. 부엌으로 들어가는 쪽 문. 흙벽에 덧댄 기둥에 옹이가 박힌 널빤지를 겹으로 이어 만들었다. 겨울이면 틈으로 비집고 들어오는 바람을 막기 위해 꺼치를 둘러놓았다. 하지만 매서운 산골 추위를 이겨내기에는 어림없었다.
 군불을 지피는 건 어머니 몫이었다. 한겨울 나무가 부족할 때면 젖은 솔가지를 잘라 때야 했다. 생솔 연기에 눈물을 흘려가며 아궁이를 불어 대던 어머니. 첩첩 산골에서 어떻게 나무 걱정을

하고 살았을까 싶지만, 그땐 마른나무가 귀했다. 가을걷이를 마치자마자 미리 나무를 해 놓아도 긴 겨울을 나기에 턱없이 부족했다.

어머니는 저녁이면 자주 광에 들어와 문을 걸어 잠그고 혼자 시렁에 기대 시간을 보내곤 했다. 광은 적당히 눅눅할 만큼의 습기가 있고 코를 자극할 정도의 곰팡내도 난다. 무엇보다도 들어오는 사람이 없다. 땅거미를 몰고 어둠이 광 안으로 스며든다. 널빤지 틈을 비집고 들어와 좁은 자리를 차지하고 있던 나른한 빛을 밀어내기 시작한다. 삐걱대는 문을 열고 들어올 때만 해도 희미하게 문고리를 분간할 수 있을 정도였는데 금세 정강이 아래까지 어둠이 바싹 내려앉는다. 어머니는 깊은 곳으로 몸을 구겨 넣었다. 등을 굽혀 머리를 가랑이 사이로 밀어 넣고 흡사 암탉이 알을 품을 때처럼, 아니 아기가 엄마 자궁 속에서 탯줄에 매달린 모습을 하고 웅크린 채로 꼼짝을 하지 않는다. 어머니의 기이한 몸짓은 똥구멍을 곧추세운 거미가 서까래 사이로 머리를 내밀 때까지 계속됐다. 힘겨운 삶을 이겨내기 위한 처절한 절규였다.

어릴 적 시골에서는 명절을 앞두고 돼지를 잡는 일이 종종 있었다. 모든 것이 귀했던 시절이다 보니 차례상에 올릴 고기를 마련하기가 힘들 때였다. 어른들은 품삯을 미룬 몫으로 기르던 돼지를 잡아 나누곤 했다.

어느 해, 설을 며칠 앞두고 아버지가 고기 꿰미를 들고 왔다. 어머니는 새끼줄에 묶인 고깃덩이를 받아 살강 아래 걸어 놓았다. 마땅히 보관할 장소조차 없었다. 밖에 걸어 놓으면 꽝꽝 얼기에 적당히 찬 바람이 맴도는 살강을 택한 것이다.

정직하게 살아온 것이 가진 것의 전부였던 삶. 고깃덩이 꿰미를 연기 자욱한 부엌 쪽문으로 들이밀던 검정 고무신의 그날 저녁. 얼어 터진 손으로 새끼줄을 받아 걸던 정제의 붉어진 눈. 가슴에 묻어 두고 지내기엔 너무나 아린 기억이다.

2021. 2

부지깽이가 되어

 소용없는 일이다. 과거 어느 시점으로 돌아가 젊어지고 싶다는 생각은 하지 않았다. 다시 시간이 주어진다 해도 만족하며 살 자신이 없다. 새 삶을 살아도, 30년 전으로 돌아갈 수 있다면, 다시 태어난다면, 또다시 이런 생각을 하지 않을까.
 자신의 생명주기를 무한히 반복하며 불멸의 삶을 산다는 홍해파리. 하지만 눈, 코, 귀는 물론 뇌와 심장도 없이 본능적인 유영생활을 한다. 비록 해파리에 비하면 순간의 삶을 살지만, 보고 듣고 만질 수 있는 지금의 삶이 얼마나 행복한가. 그렇더라도 내게 다시 태어날 기회가 주어진다면, 부지깽이가 되고 싶다.
 아래윗집 담벼락을 사이에 두고 눈이 맞은 두 사람. 외할머니의 반대를 무릅쓰고 시작한 어머니의 결혼생활은 순탄치 않았다. 술과 노름을 일삼는 아버지의 방탕한 생활이 날이 갈수록 더했기 때문이다. 술 마신 아버지의 행패를 피해 아궁이 앞에 달팽이처럼 오그린 채 어깨를 들먹이던 어머니. 생솔가지를 태우며 매캐한 냄새에 눈물을 숨기는 설움을 알아차려야 했는데.

솥뚜껑으로 오르는 김을 보며 무밥 뜸 들이는 시간이 얼마나 막막했을까. 한 번만이라도 햅쌀로 밥을 지어 배고픈 자식들 배불리 먹여 봤으면. 잔불 속에 묻어둔 감자를 꺼내며, 입에 넣어 줄 수 있는 것이 그것밖에 없지만, 감자라도 먹일 수 있어 다행이었을 쓰라린 마음을 그땐 몰랐다.

큰딸이 먼저 갔을 때, 살붙이 묻으러 간 자식들이 돌아오길 기다리며 꺼진 재 파헤쳐 불씨를 찾던 시간. 삐그덕대는 정지문을 겁에 질려 바라보지 못한 채, 아궁이 앞에서 무너져 내렸을 억장의 무게를 짐작조차 못 했다.

어머니에게 정지는 삶의 도피처이자 유일한 안식처였다. 그 작은 공간, 정지문 판때기 갈라진 틈새의 수만큼 한숨의 무게가 내려앉았다. 늦는 아들을 위해 삼발이에 올려진 뚝배기의 된장찌개가 식지 않도록 쏘시개를 헤집던 마음을, 남편의 폭언과 독설이 남긴 상처가 아니라, 머리 커진 자식들의 소름 끼치는 침묵과 무관심이 더 서러웠을 수도 있다는 생각을 왜 하지 못했을까.

설움의 시계는 멈추었다. 타오르는 불꽃을 보며 설움을 삼킨 시간의 무게를 저울추에 얹어 본다. 어둑한 정지 속에서 삶의 끈을 이어야 했던 어머니의 한을 이제야 헤아린다. 어머니의 마음 아궁이를 헤집어 켜켜이 쌓여있는 응어리들을 끄집어내 쏘시개를 태우듯 불을 사른다. 참회라는 이름의 부지깽이가 되어.

2023. 10

以聽得心

'세상에서 가장 어려운 일은 사람이 사람의 마음을 얻는 일이란다.' 생 떽쥐페리의 <어린 왕자>에서 여우가 왕자에게 한 말이다. 사람의 마음을 얻는다는 것은 무엇일까. 논어에 이청득심(以聽得心)이라는 말이 있다. 상대방의 말을 귀 기울여 들으면 그 마음을 얻을 수 있다는 가르침이다. 단순한 의사소통뿐 아니라 상대와 신뢰 관계를 만들어야 한다. 듣는다는 것이 얼마나 중요한가를 이르는 말이다.

정보의 홍수 속에 살고 있다. 모바일만 열면 모든 정보가 공유된다. 읽는 것에 익숙해지면서 듣는 것이 상대적으로 소홀해졌다. 상대의 말을 듣고 이해하려 하기보다 내 말을 전달하는 것을 더 중요하게 생각한다. 남의 말을 들으려 하지 않고 내 주장만 내세울 수는 없다. 잘 들어야 하는 이유다. 상대에게 집중할 수 있도록 한발 다가서서 귀 기울이는 태도가 필요하다.

살면서 종종 아내와 싸우는 경우가 있다. 대부분은 사소한 말다툼으로 시작한다. 아내는 일상적인 일들도 나에게 이야기하는 걸 좋아한다. 아이들 문제나 집안의 작은 일까지 빼놓지 않는다. 그런데 나와 이야기하다 보면 벽을 보고 말하는 기분이 들 때가 있다고, 자신의 이야기를 듣지 않고 내 이야기만 한다고 성화다. 말을 건성으로 듣거나 성의 없이 대답한다는 것이다. 잘 들어주지 않는다고 투정이다. 대화가 이어져도 내가 더 많이 이야기한다. 그러다 보니 무시당했다는 생각이 들어 늘 다툼의 시초가 된다.

 나이를 먹으면 변할 줄 알았다. 대화하는 방법이 나이 따라 달라지는 줄 알았는데 아닌가 보다. 나는 여전히 듣는 것보다 말하는 걸 좋아한다. 뱉은 말의 흔적이 입술에 남아 있음에도 또 말을 하고 싶어 한다. 상대의 이야기를 들으며 다음 내 할 말을 생각한다. 상대의 말을 지레짐작하거나, 이야기 일부를 듣고 내 지식대로 받아들이는 것이다. 머릿속을 비우고 상대의 말을 채워 넣어야 한다.

 듣는다는 것은 상대를 존중하고 이해하는 태도에서 출발한다. 말속에 담긴 아픔까지도 받아들이는 따뜻한 마음에서 비롯되는 것이다. 상대의 말을 단지 소리로만 이해하려 하는 것은 아닌지 생각해볼 일이다. 상대의 언어가 생생함을 잃지 않고 전달되어 공감될 수 있도록 가까이 다가서는 것이 바람직한 자세다. 말을 해석하는 것이 아니라 진정으로 듣고 이해해야 한다. 인간관계를 돈독히 하고 아름답게 하는 '이청득심'의 지혜가 필요하다. 오늘은 아내에게 무슨 일이 있었는지 물어볼까.

2018. 8

해를 향한 암자에서

 해탈문. 욕심을 버리지 않으면 통과하지 못한다. 고개를 숙이고 몸을 웅크려야 지나갈 수 있는, 절로 겸손해지는 길이다. 일출 풍경이 가장 뛰어나다고 알려진 향일암. 남해 푸른 바다의 절경을 내려다보며 너를 생각한다.
 이곳에 온 지 두 철이 지나가네. 그동안 어찌 지냈는가? 잘 지내고 있겠지. 자네는 어려서부터 하고 싶은 것이 많은 아이였어. 비행기를 보면 조종사가 되고 싶어 하고, 바다에 떠 있는 배를 보면 선원이 되어 세계 일주를 하고 싶다고 했지. 다른 형제들보다 욕심도 많았어. 잘 익은 옥수수를 제일 먼저 차지하는 것부터, 엄마의 사랑을 독차지하려고 나부대던 것까지.
 세상쯤이야 제 마음먹은 대로 될 거라는 치기도 있었지. 어른이 되어 아빠라는 이름표를 달고 나서야 세상이 만만치 않다는 걸 알았어. 기억하고 있겠지. 아내가 둘째 아이를 가졌을 때. 출산이 다가올 무렵 시장 골목에서 쓰러졌지. 빈혈, 제대로 먹지 못하고 아이를 키우며 자기 몸을 소홀히 한 탓이었어. 먹고 사는 것에 부대끼다 보니 미리 알아채지 못했다고 해도, 자네가 집안일에 무심했던 건 사실이야. 금세 회복되어 다행이었지. 가성비 좋은 액땜이었어. 연년생인 아이들이 미술학원에서 재롱잔치를 하던 때. 아마도, 자네 삶에 가장 행복했던 시절이었을 거야.

자네는 열심히 살았어. 황소처럼 묵묵히 걷다 보면 좋은 날이 올 거라, 그것이 삶이려니 받아들였어. 남의 것 훔치지 않고, 다른 사람 헤치지 않고 살았다는 위안으로 가난의 굴레를 정당화하려 한 미약함이 조금 서글프다고 했을 뿐.

세월 참 빠르네. 거짓말처럼 노년이 눈앞에 다가와 있어. 마지막을 준비해야 하는 시기인데. 무엇을 시작할 때 준비라는 단어를 쓰지만, 마무리 단계에서는 그런 말을 쓰지 않아. 죽음에 복습은 없다 치더라도 예습은 가능하지 않을까 생각하겠지만, 그것도 그리 간단하지 않아. 죽을 만큼 힘든 삶이 아니어서, 죽지 못해 산 것이 아니라서 다행이야.

사랑하는 사람과 함께 늙어 갈 수 있다는 건 축복이야. 아내는 참 무던한 사람이지. 베개에 머리만 대면 곧바로 꿈과 현실의 경계가 모호해지는, 문 닫힘 버튼을 누르지 않고 엘리베이터가 올라가길 기다리는, 주문한 음식이 나오지 않아도 주방 쪽을 한 번도 보지 않는 사람, 국수 먹을 때 국수 빠는 소리만 들려야 한다는.

뚱뚱해지고 배 나와서 매력을 잃게 되더라도, 더 사랑해 주게. 아프다고 짜증을 부리더라도, 큰 병 아니면 감사하다 생각하고. 가끔 TV 리모컨을 손에 들고 찾더라도, 세월 탓이려니 하고 웃으며 챙겨드리게.

고집이 있는 편이지만, 자네가 느긋하니 그나마 다행이지. 코를 골고 잠꼬대가 심하지만, 워낙 깊은 잠이 드는 자네에겐 아무 문제 없을 거야. 자다가 방귀도 뀌지만, 이는 갈지 않잖아.

세상을 떠날 즈음, 남길 것이 없다는 거 행복인지도 몰라. 남은 재산 아까워 눈감기 망설여지는 일 없을 테고, 재산 배분하려 구구절절 유언 써야 할 부담도 없잖아. 마음 비우게.

초승달의 미소를 머금은 동자승처럼 이제 웃으면서 살게나. 늘 그막에 욕심부리지 말고 산에도 열심히 다니면서. 누군가에게 부담을 줄 만큼 아프지는 말아야 하잖아.

일출이 다 되어가는데 해가 올라 올 기미를 보이지 않는구먼. 바다 끝에 쌓여 있는 해무 탓이려나. 오늘은 올라가려네. 못다 한 이야기는 만나서 하세나.

임인년 삼월 초여드레
해를 향한 암자에서

2022. 6

어른 놀이

　빠른 세월 탓하며 잰걸음으로 따라온 날들이 많은 자국을 남긴 모양이다. 아무리 빼고 나누어 보아도, 남긴 발자국이 남겨야 할 발자국보다 많아진 지금, 가쁜 숨 멈추고 서서 미련 가득 남은 삶을 되짚어 본다. 사람 사는 세상에서 사람 노릇 해 가며 살아간다는 것이 그리 힘겨운 일일까. 자신의 분수에 맞게 살아가는 게 헛되지 않은 일상이 참삶이다. 그러한 참삶의 이어짐이 나날이 되고, 그 나날들이 도리를 이루는 것이다. 그리고 그 도리가 일상에 의미를 부여하여 답게 살고자 하는 참된 몸짓이 노릇을 하는 것이리라.

　어른이 되고 싶었던 때가 있었다. 떡국 먹은 그릇을 세어 가면서, 비워진 그릇만큼 빨리 자라 어른이 되는 것이 큰바람이었다. 어른들의 세계에 대한 우러르는 마음이 간절했었다. 소 발자국에 고인 한 뼘 물만으로도 충분히 놀이할 수 있었던 그 시절에 어른들의 세계는 경이로웠다. 어른들은 정직하고 바른 생각만 하며, 언제나 바르고 떳떳하게 살아가는 줄 알았다. 그러나 어른들의 세계가, 어른이 되고 싶은 눈으로 바라볼 때와는 매우 다르다는 것을 알았다. 생각했던 것보다 어른이 어른답지 못한 경우가 많다는 걸 알았을 때, 나 역시 어른이 되어가고 있었다. 어른은 언제 어디서나 존경받을 만한 가치를 지니고 살아갈 것이라는 생각은 나의 편견이었다. 어른에 대한 왜곡된 신뢰가 무너지는 데 그리 오랜 시간이 걸리지 않았다. 어른은 생각했던 것보다 그리 많은 믿음을 주지도 않았고, 존경받을 만한 가치를 지니지도 않았다. 모든 어른이 그런 것은 아니지만, 최소한 어른이 되길 우러러 간절히 바랄 만큼 경이로운 세계는 아니었다.

어느 노릇인들 쉽게 행할 수 있는 것이 있겠는가. 답게 살기 위함에 어찌 어려움이 따르지 않겠는가. 자식이 자식 노릇 하고, 부모가 부모 노릇 하며 살아가는 것이 사람의 도리일 텐데, 제 노릇 하며 사는 것이 쉬워 보이지 않는다. 마음 비우지 못한 욕심 때문이다. 노릇하며 산다는 것은 답게 살아가는 일이다. 부모는 부모다워야 하고 자식은 자식다워야 한다. 부모가 부모 노릇을 하지 못할 때 그 존경과 감사는 사라지고, 자식이 자식답지 못할 때 효행의 길은 멀어지게 된다. 어른이 젊은이의 존경과 믿음을 받지 못하는 사회라면 더는 밝은 미래는 없을는지도 모른다.

어른이 어른다운 세상에 살아 보고픈 마음은 여전히 큰 욕심일까. 최고의 문장에는 기교가 없고 큰 지혜에는 묘략이 없다고 했다. 사람 사는 일에 무슨 법칙이 있고 어떤 공식이 따로 있을 것이며, 사람이 사람 노릇을 하는데 어떤 기교와 꾸밈이 필요하겠는가. 언제나 대답은 잘하지만, 정답이 그리 많지 않았던 내 삶에, 어른에 대한 내 생각이 틀리지 않았다고 말할 수 있는 날이 있을는지. 순수한 세상과 멀어졌다고 느끼는 날이면 어른 놀이하는 어른이 그리워진다.

2017. 2

섬을 바라보며

 섬들은 이미 봄빛으로 물들 채비를 한다. 물 한가운데 떠 있는 봉우리들이 그림처럼 지나간다. 가파른 바위틈의 소나무가 제멋대로 굽은 채 물결을 내려다본다. 비바크 꾼들에게 이미 익숙해진 곳. 햇살 받아 반짝이는 등성이가 길게 국사봉으로 이어진다. 반 뼘 고갯짓으로도 깃대봉과 바다의 정취를 고스란히 간직한 배낭여행의 성지 개머리 언덕이 한눈에 들어온다. 호젓한 해변에는 물새만 바삐 움직인다. 밀물 때는 잠기고 썰물이 되면 드러나는 모래밭. 사람의 마음이 이럴까. 충만해 있을 때 마음은 잘 나타나지 않는다. 썰물이 되면 모든 것이 빠져나가듯, 어려움을 겪어봐야 본심이 드러난다.
 학창 시절, 가정환경 조사서를 작성하던 때가 있었다. 가족관계와 종교는 물론 재산 상태까지 구체적으로 적었던 기억이 난다. 그중 취미 항목에 이르면 언제나 독서라고 쓰곤 했다. 책 읽는 것이 좋기도 했거니와, 예체능은 물론 다른 어느 것 하나 잘하거나 흥미 있는 것이 없었다. 아니, 조금 더 엄밀히 말하면 다른 것을 하기에는 경제적 여유가 없었다는 표현이 맞다. 가진 게 없다는 것과 힘이 없는 것은 한 뿌리에서 나온다. 가진 것이 힘이었다. 힘이 없으면 할 수 있는 게 많지 않고 포기도 빠르다. 그러기에 꿈이 생겼을 때 그것을 이룰 힘도 같이 주어진다는 말을 믿지 않았다. 성공은 바다의 섬처럼 늘 멀리 있다고 생각했다. 길바닥에 아무렇게나 갈겨진 소똥처럼 한가로이 눈앞에 떠 있어도, 배가 없으면 다가갈 수 없는 섬.

아내와 살아온 서른다섯 해의 영상이 파노라마로 일렁인다. 쪼들리는 생활에 집안일은 오롯이 아내의 몫이었다. 남자는 돈을 벌어오고, 여자는 살림하며 애들만 잘 키우면 된다는 고리타분한 사고가 남아있던 시절이다. 그땐 그랬다. 가정이 평안하면 만사가 형통한다는 말을 믿었다. 암탉이 울면 안 되었다. 남편이 하는 일을 시시콜콜 알려고 하지 말고, 더구나 참견하거나 걱정할 필요 없다고 했다. 가정을 위해 짊어진 짐쯤이야 기꺼이 혼자 감당할 수 있었다. 먹고 살기 위해, 밖에서 일만 열심히 하면 된다는 생각에 집안일을 제대로 돌보아 주지 못했다. 잘못된 배려는 무시로 수렴된다. 가부장적인 독단적 사고가 아내를 얼마나 힘들게 했는지 그땐 몰랐다. 아내와 꽤 오랜 시간 함께였음에도 서로 단절되어 살았다. 지난 세월이 아쉬움으로 남는다. 삶의 동반자로 아내에게 조금 더 관심 주었어야 했는데. 돌이킬 수 없기에 더욱 애틋해진다.

둘째 아이가 두세 살 무렵이던가. 찬거리를 사러 시장에 나간 아내가 아이를 잃어버린 적이 있다. 시장을 몇 바퀴나 돌고, 파출소 오가며 애타게 아이를 찾을 때, 아내는 혼자였다. 삐삐를 사용하던 시절, 제때 연락이 되지 못한 것이다. 겨우 아이를 찾았을 때 아내는 제정신이 아니었다. 그 탓이었을까. 아내가 유산을 한 것이…. 딸들이 태어날 때 곁에서 살뜰하게 지켜 주지 못했다. 셋째를 낳았을 때야 겨우 꽃을 사 들고 와 고생했다고 말했다. 그것이 두고두고 흉이 되었다. 딸을 둘이나 낳았을 때는 모른 척하더니, 아들을 낳으니 챙기더라고. 서운했다고 지금도 말한다. 아들이라서가 아니었는데. 그나마 형편이 좀 나아져 겨우 시간을 냈을 뿐인데.

생소한 병을 얻었을 때도 아내는 홀로 고통을 감내했다. 궤양성대장염, 대장에 궤양이 생겨 출혈을 일으키는 염증성 장 질환이다. 처음 아파본 사람에게는 이름조차 낯선 병이다. 정확한 원인은 밝혀지지 않고, 유전·환경적 요인과 자가 면역질환 등이 원인으로 추정되고 있다. 완치하는 방법은 없고, 악성 종양으로 변질하지 않도록 좌약과 약물복용으로 장기간 치료를 해야 한다. 긴 세월 혹사당한 몸이 제 고달픔을 견디지 못하고 문제를 일으킨 것이다. 내가 할 수 있는 것은 아무것도 없었다. 아내가 걱정할까 봐 그저 내색하지 않고 침묵으로 일관했다. 괜찮을 거라는 위로 같지 않은 위로의 말을 건넬 뿐이었다. 병실에 켜둔 형광등을 맥없이 바라보고 있는 것보다 그게 덜 미안할 것 같아서.

아내도 누군가의 딸이었고 여자였다. 가끔 여행하고, 친정에 가서 엄마와 맛있는 것을 먹고, 친구를 만나 수다 떠는 시간도 필요했을 것이다. 비가 어쩔 수 없이 쏟아져야 하는 것처럼 어쩔 수 없이 쏟아내야 하는 것들이 있었을 텐데. 올가미에 옥죄듯 지내다 보니 정작 중요한 걸 잊고 살았다. 왜 쉼 있는 삶을 생각하지 못했던 걸까. 먹고 사는 데 있어 먹어야 할 것이 밥만이 아니라는 걸 알았어야 했다. 구속된 채로, 먹고사는 것에 집착해 어떻게 살아야 하는지 생각할 겨를이 없었다. 존중하고 배려하며 어울려 살았어야 했다는 걸 이제야 알 것 같다. 그러지 못한 것이 아쉽다. 그리 악착같이 살지 않아도 그럭저럭 살아지지 않았을까. 더구나 그렇게 살았어도 만족하며 잘 살아온 것 같지 않다.

지나왔다는 것은 잘 견디었다는 의미다. 남겨진 흉터들을 되새김하면서 견뎌 온 시간을 퇴고해가는 게 늙음인가보다. 모기 쫓듯 불규칙하게 내젓는 손사래에 적당히 낡아 가고, 마시던 맥주보다 더 미지근한 시간마저도 감사한 것을 보면. 세상에 이른 뉘우침은 없다. 언제나 후회 다음에 온다. 더 늦기 전에 아내에게 감사와 고마운 마음을 전해야겠다. 홀로 감당해야 했던 육아의 시간을. 출산과 모유 수유로 인한 빈혈로 길거리에서 쓰러진 아린 상처에 대하여. 정작 자신은 돌보지 못한 허기진 날들의 상실감과, 힘든 시기를 잘 견디어 온 것에 대해. 아무것도 해 준 것이 없는 부족한 남편을 용서해 달라고.

망각의 시간이 길어진 요즘, 살아온 날들에 대한 아쉬움과 나이 들어간다는 것에 대한 초조함 때문일까. 있어야 할 곳에 있지 않은 물건, 있었는지조차 기억나지 않는 희미한 상처들을 끄집어 내 본다. 바닷길에서 건져 올린 시간은 뭍에서보다 빠르게 지나간다. 꾸미지 않아도 있는 그대로 아름다울 수 있는 섬, 솔향 머금은 소야도에 어둠이 내린다.

2023. 3

PART II

우물에 관한 소묘

느티나무

　십이폭포* 길이다. 깎아지른 바위 봉우리가 노송과 어우러져 만들어낸 계곡이다. 들머리에 커다란 느티나무가 쓰러져 있다. 어느 해 비바람을 견디지 못 한 모양이다. 나무는 푸르렀던 날들을 기억하고 있을까. 삶의 무게에 힘들다고 느껴질 때면 아련한 시절이 생각난다. 우리는 살아오면서 써버린 시간을 먼 훗날에 기억한다. 세월의 틈새로 끼어드는 모든 것들이 낯설어도, 문득 미소 지을 수 있는 그리운 시간을 떠올리는 것이다. 추억이라는 이름으로. 해가 가장 늦게 뜨고 가장 먼저 지는 작은 산골 마을. 논골, 밤나무골, 미나리골의 골짜기가 내려와 맞닿은, 20여 가구가 모여 사는 작은 마을이 있었다. 골짜기들이 어떤 이유로 그리 불리어 왔는지는 알 수 없다. 동네 입구 야트막한 구릉 위에는 커다란 느티나무가 있다. 골짜기들과 어울려 한 폭의 그림 같은 풍경을 만들며, 오랜 세월 마을을 지켜왔다. 아침이면 사랑방 군불 연기가 햇살을 앞질러 산비탈을 기어오르는 곳. 노루 꽁지만한 햇살이 산으로 숨어드는 저녁이면, 밥 짓는 부엌보다 쇠죽

---

* 충남 금산에 위치한 성치산 성봉을 오르는 계곡

솥에 지펴진 솔가지 타는 냄새가 먼저 골목으로 풍겨 나오는 마을이다. 여수고개, 느티나무를 마주하고 있는 산마루를 넘나들던 고개다. 바위가 적당히 줄지어 앉아 있는 등성이로, 봄은 뒷짐을 지고 느린 걸음으로 올라온다. 겨우내 단단히 속살을 채워 넣으며 제날 자리를 달군 가지들이 연둣빛 새순을 틔운다. 양지바른 언덕에 잎보다 먼저 피어난 창꽃**이 아지랑이를 타고 꽃물결을 이루며 아이들을 부른다. 비둘기처럼 목부터 내밀며 걷는 아이들은, 꽃잎 물고 능선을 오르내리며 숨바꼭질과 칼싸움으로 해 지는 줄 몰랐다. 물오른 버들강아지 꺾어 피리를 만들어 입에 물면 절로 흥겨워지는 것이 이 무렵이다. 아이들이라 해서 마냥 놀기만 했던 것은 아니다. 고사리손도 거두어 써야 하는 농번기에는, 못줄도 잡아주고 새참 심부름도 해야 한다. 저보다 더 길게 코를 흘리는 동생도 돌보아주고, 소 꼴을 베는 것도 익숙하다. 자줏빛 꽃이 피어나는 감자밭 위로 나비가 날아다니면 아이들은 덩달아 신이 났다. 감자 씨알이 굵어지기 전에, 몇 개 캐내어 불에 구워 먹는 것으로 여름을 맞았다. 덜 익어 푸른빛이 도는 것을 구어야 제맛이 나는 보리와 달리, 감자는 씨알이 굵어야 맛이 있지만 여물 때까지 기다리지 못한다. 매미울음 커지는 날이면 느티나무 아래로 아이들이 모여든다. 단오절에 매어 놓은 그네도 타고, 구슬치기도 하며 햇살을 피한다. 제 무게를 견디지 못해 바닥으로 처진 가지를 잡고, 거꾸로 매달려 하늘을 보기도 한다. 한낮의 뙤약볕은 그늘에서 놀던 아이들을 둠벙***으로 부른다. 먼지투성이의 신작로 길을 단숨에 달려가 발가벗은 채로 물속에서 첨벙인다. 급한 마음에도 마른 쑥 잎을 모아 귀를 막는 것은 잊지 않는

** 진달래의 충청도 방언
*** 웅덩이의 충청도 방언

다. 아이들은 바위틈을 비집고 나오는 시원한 물에, 입술이 푸르게 변할 때까지 멱을 감았다. 산마루에 걸쳐 있던 해의 꽁무니가 길게 누운 나무 그림자를 삼킬 때까지 아이들은 느티나무 아래서 보냈다. 새벽이슬이 코스모스 이파리를 떨굴 무렵이면, 아이들 발걸음이 뜸해지면서 나무는 침묵에 잠긴다. 저 홀로 키워온 잎새에 물을 들이며 떠나보낼 채비를 한다. 물감을 부어 놓은 듯 붉게 물든 잎새들이 가을을 재촉한다. 산자락으로 아이들의 웃음소리가 넘친다. 으름, 다래, 머루가 익어 가는 시기다. 두메산골 아이들에게 군것질이라곤 별다른 것이 없다. 꽃잎과 열매는 군것질을 대신하는 좋은 간식거리가 된다. 계절에 따라 산자락에서 나오는 먹을거리는 다양하다. 응달에 쌓인 눈이 채 녹기도 전에 창꽃이 가장 먼저 피어난다. 포도송이처럼 주렁주렁 열린 달콤한 아까시 꽃을 시작으로, 봄 햇살이 길어질 때쯤 앵두와 산벚이 익는다. 느티나무 그늘이 깊어지면 오디와 보리수, 산딸기가 아이들 입을 달랜다. 물론 사립문 옆에 살구나무와 장독대 뒤로 대추나무, 감나무가 있었다. 그러나 그것들은 어른들이 키우는 과일나무였다. 아이들이 만만하게 따 먹을 수 있는 것이 못 되었다. 산골짜기 마을에도 아이스깨끼나 엿 장사가 가끔 들어오지만, 마루 밑에 떨어진 검정 고무신이나 빈 병이 없으면 쉽게 사 먹을 수 있는 것이 아니었다. 산은 아이들의 발품을 헛되이 하지 않는다. 산을 오르내리는 것은 놀이 이전에, 먹을 것이 풍족하지 못했던 시절 아이들 나름대로 살아가는 몸짓이었다.

다람쥐가 도토리를 숨기기에도 하루 햇살이 짧게 느껴지는 늦가을이 되면 산골은 겨울 준비를 해야 한다. 늦은 알밤을 찾아 밤나무 밑을 서성이던 아이들이 봄날보다 더 바빠지는 것이 이맘 때다. 마지막 남은 풀을 먹이기 위해 입이 더딘 어미 소를 산기슭으로 몰아야 하고, 어른들이 캐어 놓은 고구마를 들어 나르기도 한다. 비탈을 오르내리며 땔감도 주어 모으고, 소죽 쑤는 사랑 아궁이에 불도 지핀다. 넉넉한 들판에 제 맘껏 늘어지던 햇살이 찬 바람에 밀려나면 겨울은 이미 시작된다.

  산골 마을의 추위는 다른 곳에 비해 더 빨리 찾아온다. 언제나 싸락눈이 먼저 바람을 타고 도랑으로 곤두박질친다. 아이들은 도랑의 얼음에서 썰매를 타고 놀았다. 곧게 자란 소나무 가지에 굵은 철사를 박아 만든 썰매는, 겨울을 보내는 아이들에게 소중한 놀이기구다. 썰매놀이에 지친 날이면 구슬과 딱지치기로 짧은 하루를 보낸다. 함박눈이 내려 쌓이는 날에는 볼이 빨개지도록 추운 줄도 모르고 비료 포대를 타고 논다. 느티나무 아래는 눈놀이 하기에 좋은 장소다. 꽃 내음이 게으름 피며, 다른 곳에 비해 두서너 발 늦게 골짜기로 스미어들 때까지, 산골의 겨울은 길게 이어진다. 창꽃이 피기에는 이른 봄날. 키를 가늠하지 못할 정도로 우람하던 느티나무가 생각보다 크지 않았다는 걸 알만큼 세월이 흐른 뒤였다. 여수고개를 넘어오는 따스한 햇살 앞에서는 차가운 바람도 어쩌지 못하고 뒷걸음치던 날이었다. 느티나무에는 저 스스로 만들어내는 그림자보다 더 긴 그림자가 매달려 있었다. 슬픔을 등지고 오는 행복은 오히려 불행이다. 무당의 딸에게 사랑은 조롱거리였다. 믿고 싶은 것만 믿는 사람들의 어리석음 속에 죽음이 사랑을 앞지르는 경우가 있다. 인근에 남아있는 마지막 무당이라던 옥화 아줌마 딸이었다. 출생의 굴레는 느티나무를 짙어지는 것보다 더 힘겨웠을 것이다. 거꾸로 매달려 하늘을 보며 놀던 때를 잊었는지, 열일곱 삶이 땅으로 쏟아져 내렸다. 아무것도 할 수 없어 빈 하늘만 바라보며 눈물짓던 아줌마는 여수고개를 넘어 마을을 떠났다. 우리는 그날 이후 느티나무를 찾지 않았다. 여수고개에 창꽃이 피고 지기를 수없이 반복해도 사람들은 더 이상 고개를 오르지 않는다. 견딜 수 없을 것 같아 멍울로 남았던 슬픔도 긴 세월을 이겨내다 보면, 무덤덤하게 가슴 한 모퉁이를 차지하고 들어온다. 오랜 시간의 흐름은, 머리로 기억하던 많은 것들을 가슴으로 추억 할 수 있도록 만든다. 이제는 매미가 날아와 울다 가는지도 모를 만큼 느티나무는 잊힌 존재가 되었다. 해마다 같은 계절이면, 느티나무는 변치 않고 그늘을 만들고 있을 것이다. 거친 세월의 흔들림을 이겨내고 시간이 흘러가고 있다.

2017. 3

옹이를 품다

 그러고 보니 처음이다. 오롯이 홀로 삼 일 동안 바다를 본 것은. 해가 바뀔 때쯤이면 무엇에 홀리기라도 하듯 동해를 찾는다. 모래사장에 서서 하늘이 붉은색에서 검은색으로 변할 때까지 파도 소리를 들었다. 파도를 따라 수령이 백 년은 넘을법한 소나무 숲길을 걷는다. 쉼 없이 부는 바람이 겹겹이 쌓인 더께를 한 꺼풀 걷어내 주는 느낌이다.
 몇 해 전, 누나가 세상을 떠났다. 믿기지 않지만 굶어 죽었다. 그렇게 말할 수밖에 없다. 끼니를 걱정하기보다 무엇을 먹을까 고민하는 세상에서 먹지 못해 영양실조라니. 졸지에 당한 일이라 어머니에게는 말을 하지도 못했다. 장례를 치르고 왔을 때, 어머니가 어떻게 눈치를 챘는지 잘 묻고 왔냐고 물었다. 마지막 길을 떠난 자식의 얼굴을 보지도 못한 어머니는 황망함에 눈물조차 흘리지 못했다. 그 후 곡기를 멀리하는 날이 늘어나더니 순식간에 기력이 쇠진해 갔다. 그해 끄트머리, 슬픔과 충격에서 헤어나지 못하는 어머니와 여행을 온 곳이 경포대였다.

이른 아침, 가마솥 연기가 안개처럼 피어오른다. 순두부로 유명한 초당두부마을. 이곳 순두부는 콩을 갈아 잘 정제된 바닷물로 응결시켜 만든다. 뭉글뭉글 꽃처럼 피어난 양떼구름 같은 뽀얀 순두부. 초당 두부는 색안경을 끼고 보면 매력이 없다. 조미료를 쳐서도 제맛을 느끼지 못한다.

-두부 맛에 동해의 깨끗한 바닷물이 한몫하지. 설탕이나 소금을 따로 넣지 않아.

초당두부와 첫 만남이 있던 그 날, 삼 십여 년 맷돌을 돌렸다는 식당 할머니의 말이다. 묻지도 않은 말에 친절을 보태며 낯선 이에게 웃음을 건넨다. 콩 국물이 맷돌다리를 타고 하얀 눈물처럼 흘러내린다. 맷돌을 돌릴 때마다 맷손 윗부분에 박힌 옹이가 기름을 칠해 놓은 듯 번들거린다. 맷손은 맷돌을 돌리기 위해 손잡이로 박아 놓은 공이다.

-요것이 열 효자여. 이놈이 없으면 손이 자꾸 미끄러져서 맷돌질하기가 쉽지 않아.

옹이가 닳도록 맷돌을 돌려온 할머니. 옹골진 삶이 보이는 듯하다. 밍밍하고 변변찮아 보이는 음식이 오랜 세월 제맛을 지켜오고 있는 것은 맷돌을 돌리고 가마솥을 지켜온 주름진 삶이 고스란히 녹아든 때문일 것이다.

자식을 가슴에 묻은 어머니의 아픔을 그때는 온전히 헤아릴 수 없었다. 생의 벼랑 끝으로 몰고 갔던 슬픔이 어머니의 가슴에 얼마나 큰 상처로 박히었는지를 몰랐다. 이태 후, 눈발이 성글게 날리던 날, 어머니도 큰딸 곁으로 갔다.

옹이는 나무에 생긴 상처가 아물면서 생긴다. 나무가 생명을 유지하기 위해 어쩔 수 없이 겪게 되는 상처를 극복한 흔적이다.

옹이가 있는 목재는 가공하였을 때 품질이 떨어지는 경우가 많다. 옹이의 이질적인 부분이 갈라지거나 뒤틀리는 현상을 일으킬 수 있기 때문이다. 그렇더라도 가지런한 나뭇결 보다 옹이의 자연스러움이 한결 멋스러울 때도 있다. 대패질이 힘들어도 잘 다듬어 놓으면 독특한 무늬가 된다. 필요와 불필요 사이에서 가끔은 참이 둘인 경우도 있다. 옹이가 그렇다. 필요하기도 하고 필요없기도 하다.

나무도 사람도 꺾인 곳은 아프기 마련이다. 꺾인 아픔은 안으로 숨어들지만, 더는 숨을 수 없어 터질 듯 튀어나온 상처는 옹이가 된다. 어머니에게 자식들은 옹이였다. 간혹 기쁨 덩어리일 때가 있지만, 대부분 근심덩어리로 상처를 만들어 냈다. 수많은 옹이로 인해 어머니의 삶은 고통의 연속이었다.

-중핵교 먹물이래두 샘킨 맴이 동기간 심쓰고 살아야 하능겨.

몸집이 말만 해 질 무렵, 아들에게 하던 어머니의 당부는 잔소리가 되어 귀를 막았다. 사실 어머니는 자식들 공부를 제대로 시키지 못한 것에 늘 마음 아파했다. '새끼들 공부 하나 제대로 가르치지 못한 숭헌 팔자에.' 이 말은 어머니의 넋두리가 되다시피 했다. 어머니가 알고 있는 가장 상급학교는 중학교였다. 그도 그럴 것이 아들딸 여섯 중 중학교를 보낸 것이 가운데 아들 하나뿐이었으니. 학교에 보내 달라고 몇 날 며칠을 울며 떼쓰는 넷째의 고집은 어쩌지 못했다. 나머지 다섯은 초등학교도 다니는 둥 마는 둥 졸업장을 겨우 얻었을 뿐이었다. 그것이 평생 한이 되었다. 어느덧 내게도 세월에 저항한 흔적으로 주름이 늘어나고, 눈이 침침해지는 나이가 되었다. 내 자식이 그때의 나보다 더 커버린 지금에야 어머니의 말을 가슴에 새긴다. 덩치가 커가는 아들에게 한 번도 아쉬운 소리를 못 하던 어머니. 그때 그 말이 속으로 삭여오던 많은 옹이 중 하나를 겨우 꺼낸 거란 걸 아는데 오랜 세월이 흘렀다. 중학 물이라도 먹은 네가 형제간 우애 있게 잘 지내야 한다는 말을 곱씹어 본다.

어머니의 당부대로 살지 못한 것 같다. 살면서 누군가의 가슴에 옹이를 만들어 놓지는 않았는지 다시금 생각한다. 가족은 물론 친구나 이웃들에게 알게 모르게 만들어 놓은 옹이가 셀 수 없이 많을 것이다. 지금껏 사람들과의 관계가 꼬일 때면 풀려고 하기보다는 단절을 택하는 경우가 많았다. 나를 가장 철저히 보호하는 방법이라고 생각했다. 그러다 보니 형제간에도 등을 돌리고 돌아앉는 경우가 자주 생겼다. 가윗날이 옷감을 자르듯 이음새까지 잘라 버리며, 상대방의 감정이 내게 스며들지 못하게 했다. 그것은 더 이상의 상처를 받지 않겠다는 나의 몸부림이었지만, 다른 사람에게는 불통과 고집으로 비쳤을 것이다. 그 불통과 고집 때문에 삶의 많은 부분이 꺾여져야 했다.

산다는 것은 하루하루 옹이를 만드는 일인지도 모른다. 옹이를 빼고 나면 옹이가 박혔던 부분은 구멍으로 남거나 모퉁이로 잘려 나간다. 빼 버린다고 흔적까지 없어지지 않는다. 옹이인 채로 품고 삭여야 하는 이유다. 옹이가 손에 익숙해지기 위해 얼마나 오랜 시간 맷돌을 돌려야 하는지 알지 못한다. 다만, 나 자신을 더욱 여물게 만들고 상대와 섞이기 위해서는 더 크게 옹이를 감싸야 한다는 걸 안다. 탓하는 옹이가 아니라 어우러지는 옹이. 오늘 또 하나의 옹이가 생겼다.

2022. 3

우물에 관한 소묘

1.

어릴 적 내가 살던 시골집에는 우물이 없었다. 동네 사람들은 집 앞에 흐르는 작은 계곡물을 이용했다. 대부분 집안에 우물을 만들어 놓고 살아갈 여유가 없었다. 제일 윗마을이기에 물은 깨끗했다. 어느 해, 공동 우물을 만들었다. 도랑을 막고 좀 더 넓은 바윗돌도 여러 개 놓았다. 시설은 미흡했다. 겨우 눈, 비를 피할 지붕뿐이다.

우물을 사용하는 묵시적인 규율은 있었다. 먹을 물을 뜨기 위한 바가지 물질은 맨 위에서 했다, 과일이나 음식이 들어 있는 항아리를 놓는 것이 그다음이었다. 수박이나 참외뿐 아니라 열무김치 등 먹거리를 물속에 넣어 시원하게 먹을 수 있게 된 것이다. 그릇을 닦고 손을 씻고 빨래 하는 것은 그 아래쪽이었다.

앵두나무에 새잎이 돋아나고, 살구꽃이 흐드러지게 피는 봄부터 아이들은 우물가에서 놀았다. 작은 나뭇가지 하나만 손에 있어도 놀이할 줄 아는 아이들에게 도랑은 물장난하기 좋은 곳이다. 가끔은 돌팔매질 놀이를 하다 우물의 김치 항아리를 깨서 혼나는 경우가 있었다. 아이들이 우물가에서 노는 데에는 또 다른 이유가 있다. 아이스박스를 메고 다니던 아이스께끼 장수나, 리어카 엿장수가 아픈 다리 쉬어 가던 곳이 우물이기 때문이다. 그들은 동네로 들어오면 제일 먼저 이곳에 들러 시원한 물로 마른 목을 축였다. 우물 아래 작은 공터에 뻥튀기 장수가 오는 날이면 온종일 고소한 냄새를 맡으며 신이 났다. 고단한 삶의 무게를 감당키 어려운 아줌마들이 모여 서로를 위로하던 곳 역시 우물이다. 새색시가 동이에 물을 채우며 향수를 달래기도 했다. 우물은 동네 사람들의 삶이 고스란히 녹아드는 곳이 되었다.

2.

윗집 총각과 아랫집 처녀. 도랑 물길을 따라 감나무를 담장으로 두고 오누이처럼 지낸 사이다. 나이가 들어가면서 연정의 마음이 열린 것일까. 아랫집 사랑 아궁이에 불을 지펴주고, 소죽솥에 물을 길어다 주는 총각의 발걸음이 잦아졌다. 오가며 주고받는 눈빛을 우물가에 모인 눈들이 먼저 알아챘다. 젊은 두 사람의 사랑 이야기는 한동안 우물가의 화젯거리가 됐다. 나뭇짐 짊어지고 내려오다 바가지 물을 건네는 처녀와 우물이 만들어 준 사랑의 인연이다. 다음 해 윗집 총각은 아랫집 처녀에게 청혼했다. 아버지는 그렇게 동네에서 가장 이쁜 처녀를 색시로 맞이한 것이다.

어머니는 밭일을 나가는 시간 외에는 대부분 우물에서 지냈다. 쌀이 귀한 시절이었다. 궁색한 살림에 매 끼니를 장만하는 것이 큰일이었다. 보리쌀을 씻어 삶아 놓는 것부터 시작한다. 언제나 감자나 고구마를 넣은 꽁보리밥이다. 감자 껍질을 벗기는 전용 숟가락이 가운데가 닳아 움푹 들어가도록 오래 사용했다. 부엌에 매일 물동이 물을 길어 나르는 것도 여간 힘든 일이 아니었다.

  아버지와 어머니는 말다툼을 자주 했다. 대부분 농사일을 게을리하는 아버지의 잦은 술자리 때문이었다. 싸운 날이면 어머니는 캄캄한 우물로 나갔다. 바로 옆 대문을 열면 외할머니가 계시는데도 가지 않는다. 그런 날 외삼촌을 불러오라는 아버지 심부름은 내 몫이다. 아버지와 외삼촌은 동갑내기 친구다. 아버지는 화가 난 일을 이야기하며 어머니를 데려가라고 역정을 낸다. 묵묵히 이야기를 듣던 외삼촌은 외숙모를 불러 술상을 보게 한다. 술이 한두 잔 오가면서 두 사람 사이는 언제 화가 났었냐는 듯이 밝아진다. 처남 매제이자 친구인 사이에 오가는 대화는 금방 웃음을 만들어 냈다. 외삼촌을 부르는 것이 술을 마시기 위한 핑계처럼 느껴졌다. 어둠 속에서 눈물로 속을 달래는 어머니는 안중에도 없다. 나는 어머니와 조금 떨어진 바윗돌에 말없이 앉아 있다. 술자리는 밤이 늦도록 이어졌다.

3.

  도랑의 물은 말라갔다. 도랑에 상수관이 묻히고 그 위에 시멘트 포장으로 길을 넓혔다. 우물이 집 안으로 들어오면서 사람들은 편리해졌다. 하지만 이웃이 차츰 멀어지고, 사람 사는 정이 사라졌다. 고향이 그리운 새색시의 마음은 여전히 젖어 있건만, 빈 하늘 바라보며 향수를 달랠 안식처를 잃어버렸다. 붉기도 전에 앵두를 떨구던 아이들의 웃음소리도 더 이상 들을 수 없게 되었다.

살구나무 가지에 새순 돋는 계절이 오면 우물이 그리워진다. 무심한 세월이 인생 반백 고개를 넘게 만들어 버린 지금, 우물은 빛바랜 추억으로 남아 있다.

2017. 10

고향 바라기

흐르는 강물을 거꾸로 거슬러 오르는 연어들의 도무지 알 수 없는 그들만의 신비한 이유처럼 그 언제서부터인가 걸어 걸어 걸어오는 이 길 앞으로 얼마나 더 많이 가야만 하는지 여러 갈래길 중 만약에 이 길이 내가 걸어가고 있는 돌아서 갈 수밖에 없는 꼬부라진 길일지라도.

- 강산애 노래 중에서

 귀향하기로 했다. 엄밀히 말하면 귀촌이라 해야 할 테지만 낱말의 의미는 중요치 않다. 평소 꿈꾸어 왔던 시골에서 소박한 삶을 갈구하는 마음뿐이다.
 귀향에 대한 아내의 생각도 원론적으로는 우호적인 것처럼 보인다. 그렇지만 이야기하다 보면 몇 가지 부분에서 서로의 이견이 좁혀지지 않는다. 우선, 어느 곳에 정착할 것인가의 문제부터 의견이 다르다. 태어나고 자란 시골을 생각하고 있는 나와 달리 아내에게 고향은 달갑지 않은 곳이다. 청주 인접 지역은 피하자고 할 정도다. 사실 아내의 속내는 지리적으로의 시골이 마땅찮은 것은 아니다. 시댁이 있는 지역이 싫다는 의미다. 어지간히 정을 붙이지 못한 아내는 시댁 가까이 갈 거라면 차라리 가지 않는 것이 낫다고 말한다. 멀리 떨어져 신경 쓰지 않으며 살고 싶다는 것이다. 경상도와 전라도 지역은 아이들이 오가기에 너무 멀어 일찌감치 제외되었다. 여름 휴가지 정도로만 생각하는 강원도까지 빼고 나면 고려할 수 있는 지역은 수도권밖에 없다.

  주거 형태에 대한 의견도 차이가 난다. 난 시골스러운 환경을 좋아한다. 황토로 만든 아담한 방에 마루가 있는 작은 집을 원한다. 아궁이가 있어 불을 지필 수 있으면 더 좋을 것이다. 그리고 마당이 있었으면 한다. 싸리비로 깔끔하게 쓸어 놓은 마당 한 모퉁이에 작은 화단도 만들 것이다. 꽃잔디 옆으로 채송화와 봉선화를 심을 생각이다. 손톱에 물을 들이지는 않더라도 봉선화가 소담하게 핀 뜰을 오밀조밀 가꾸는 것은 생각만으로도 절로 흥이 난다. 아내는 다르다. 큰 방이 세 개는 있어야 한다고 주장한다. 애들이 놀러 와서 자고 가려면 그 정도는 필요하다는 것이다. 요즘 젊은 애들이 시골에 그리 자주 올 리도 없을 것이며, 온다 해도 자고 가는 게 몇 날이나 된다고. 일 년에 한두 번 쓰기 위해 방을 만들 필요가 있느냐는 말에 막무가내다. 방이 크고 많으면 쓸고 닦느라 힘만 들지. 텅 빈 방이 있으면 오히려 적적할 텐데. 아내에겐 마당도 탐탁하지 않다. 마당이 있으면 먼지 날리고 비 오는 날이면 질척이는 것이 싫다며 고개를 젓는다. 개미나 바퀴벌레라도 나오면 어쩔 거냐고. 평소에도 벌레를 무척이나 무서워하는 아내다. 그러다 보니 시골이라 하면 으레 지렁이나 거머리 등을 떠 올리며 기겁한다.

작은 텃밭이 있었으면 하는 생각에 이르면 아내는 못마땅한 기색이 역력하다. 나이 들어 힘들게 호미질하며 사서 고생하려 한단다. 맑은 공기 마시고 건강하게 살려고 가는 건데, 땡볕에 앉아 풀 뽑는 게 어디 쉽냐고 길게 한숨을 뱉는다. 농사를 지을 만큼 큰 밭이 아니라도 된다는 내 말을 듣는 둥 마는 둥 한다. 그렇지만 여전히 텃밭에 대한 미련이 남는다. 씨 뿌리고 가꿀 작은 공간이면 될 텐데. 상추 쑥갓 등 들나물을 심어 놓고 파릇하게 자라는 것을 보는 재미가 얼마나 쏠쏠할까.

아내는 집 가까이 병원이 있는 곳이 좋겠다고 생각한다. 십 분 이내 병원에 갈 수 있는 곳이어야 한다는 것이다. 노인 둘이 살다가 몸이라도 아프면 급히 병원에 갈 수 있어야 큰일 나지 않는다. 아내의 생각 중 가장 일리가 있는 의견이다. 그러자면 새로이 잡을 터전은 시내와 가까이 있어야 한다. 도회지 아내의 의견을 수렴하다 보면 시골스러운 남편이 생각하는 귀향의 의미는 퇴색될 수밖에 없다. 불안이 밀려온다. 여전히 정해진 것은 아무것도 없다. 귀향을 위한 대화는 오늘도 서로의 견해차를 좁히지 못하고 평행으로 내닫는다.

시간과 공간, 마음이 불가분의 관계로 형성된 하나의 세계가 고향이다. 고향에 대한 의미는 사람 따라 많은 부분 퇴색되고 변한 것이 현실이다. 시골에서 자란 후 도시로 나와 정착한 사람은 농촌과 도시를 모두 경험했다. 그들에게 고향은 그리움이 깃든 곳으로 존재한다. 마음속 깊이 어린 시절의 추억을 간직하고 있다. 실제 그렇지 않더라도 늘 양지바른 곳에 아름다운 초가집을 떠 올린다. 울타리에 나팔꽃이 피어나고 지붕 위에는 호박넝쿨이 자란다. 사립문 옆 화단에 분꽃과 봉숭아도 정겹게 피어난다. 하지만 도시 삶에 익숙한 사람에게는 쉽게 받아들여질 수 있는 곳이 아니다. 그들에게 시골은 불편한 공간이다. 낭만이 깃든 곳으로 다가오지 않는다. 고향을 잊지 못하고 향수에 젖는 것을 이해할 수 없는 이유다.

귀향, 중년이라면 한 번쯤 가슴에 품어봄 직한 매혹적인 말이다. 귀향은 사회적 이동을 불러왔던 도시 산업화의 산물이다. 고향을 떠나 맞이한 일상의 각박함 속에서 차츰 잃어가고 있는 자신의 참모습을 찾으려는 것이다. 자본에 편승한 개인주의 사회에서 소외당하고 있는 인간의 정체성을 찾아가려는 몸짓일지도 모른다. 돌아가야 한다는 당위와 갈 수 없는 현실의 괴리 속에서 고향은 애달픔으로 추억된다. 세월이 모든 걸 희미하게 만든 지금 몸은 멀리 떨어져 있지만, 마음은 자꾸 고향을 향한다. 평소 잠재해 있던 고향 의식이 수시로 되살아나 귀향 본능을 깨우는 것이다.

고향이 그리워질 때면 새 소리 들리는 숲에서 아침을 맞는 꿈을 꾼다. 누렁이 황소가 게으르게 풀을 뜯는 곳, 아름드리 느티나무, 힘겹게 오른 등성이와 급하게 흘러내린 골짜기. 나이를 먹어도 여전히 정겨운 곳이다. 그럴 때 나는 시간을 거슬러 오르는 한 마리 연어가 된다.

2021. 6

이팝의 계절

쌀 꽃이 활짝 피었다. 저수지를 따라 길옆으로 이팝나무꽃이 만개한 것이다. 조선 시대에 벼슬을 하면 임금이 내려주던 흰 쌀밥을 '이밥'이라고 했다. 이밥은 '이(李) 씨의 밥'이란 의미다. 이팝나무는 이밥 나무에서 유래되었다는 속설이 있다. 꽃의 여러 가지 특징이 이밥, 즉 쌀밥과 관련이 있기 때문이다. 꽃이 필 무렵, 보리 수확은 아직 이르고, 지난해 거두어들인 양식은 거의 떨어질 때다. 주린 배를 잡고 농사일하면서 가을을 기다려야 한다. 이 시기에 이팝나무꽃이 활짝 피어난다. 잎이 보이지 않을 정도로 새하얀 꽃을 가지마다 소복소복 뒤집어쓴다. 가느다랗게 갈라진 꽃잎 하나하나는 뜸이 잘든 밥알같이 생겼다. 그래서인지 꽃잎들이 모여서 이루는 모양이 쌀밥을 수북이 담은 밥그릇을 연상케 한다.

어릴 적 보리밥을 많이 먹었다. 논보다는 밀이나 보리를 심은 밭이 더 많았던 산골이라 쌀이 귀했다. 명절이나 생일이 아니고는 쌀밥 구경하기가 쉽지 않다. 보리가 들어가지 않은 하얀 쌀밥을 먹어 보는 것이 소원이었다. '가난한 집 딸자식은 다 자라도록 백미 서 말을 못 먹고 시집을 간다.'는 말이 있을 정도였다. 보리밥으로라도 끼니를 때울 수 있으면 다행이다. 어머니는 보리쌀에 무나 감자 등 채소를 넣어 밥을 지었다. 겨울철에는 특히 고구마를 많이 넣었다. 어떤 날은 보리쌀보다 고구마가 더 많이 들어갔다. 고구마와 밥을 적당히 섞어 식구 수대로 밥그릇을 올려놓으면 밥이 더 많은 것을 차지하려고 동생들과 다투곤 했다. 난 고구마를 좋아하지 않았다. 매번 고구마는 밀어내고 밥만 골라 먹었다. 어머니는 밥에 들어있는 고구마가 더 맛있다면서 고구마만 먹고 밥은 내게 주곤 했다. 누나들의 따가운 눈총을 알아채지 못하고 밥을 넙죽넙죽 받아먹었다.

꽁보리밥. 중학생 시절 점심시간이면 도시락을 혼자 숨어서 먹기 일쑤였다. 까만 보리밥을 꺼내는 것이 창피해서다. 어머니는 새벽같이 일어나 밥을 했다. 보리쌀을 씻어 안친 솥 가운데 쌀 한 줌을 넣고 밥을 지었다. 밥이 되면 쌀을 살짝 걷어 도시락을 싸주었다. 가장 희고 고운 쌀밥으로 도시락을 쌌다. 그러나 점심시간이 되면 상황이 달랐다. 도시락 뚜껑을 열면 까만 보리밥이 눈에 들어온다. 다른 친구들 도시락과 비교해 보면 형편없다. 집에서는 쌀밥이라 담았지만 식으면 꽁보리밥에 가깝다. 밥을 지을 때 쌀과 보리의 혼합비율에 따라 색깔이 많이 달라진다. 희고 검은 정도가 곧 가정경제의 수준을 말해주는 것이다. 식은 보리밥을 먹는 것은 고역이다. 색깔도 색깔이지만 보리의 식감이 좋지 않고 알도 굵어 거칠기까지 했다. 천천히 씹어도 입속에서 밥알이 제각각 굴러다닌다. 점심시간을 힘들게 만든 건 밥뿐이 아니다. 반찬도 문제였다. 어머니는 언제나 김치와 장아찌류를 싸 주었다. 반찬 투정을 해야 겨우 콩조림을 싸 주는 정도다. 다른 아이들의 반찬은 맛있어 보였다. 멸치볶음에 두부조림, 계란말이. 가끔은 소시지나 장조림을 싸 오는 아이도 있었다. 친구들 앞에 김치를 꺼내기가 민망할 정도다. 유리병에 담은 김칫국물이 새어 나와 책을 벌겋게 적신 적이 한두 번이 아니다. '기적의 쌀'이라 불리는 통일벼가 시골까지 확대 보급된 후에는 조금 형편이 좋아졌다. 밥에 들어가는 쌀의 양이 많아진 것이다. 그러나 순전히 보리만으로 지은 꽁보리밥을 면했을 뿐, 여전히 흰 쌀밥은 먹기 힘들었다.

어느 날 학교에서 도시락 검사가 있었다. 70년대, 주식이 쌀이면서도 쌀의 생산량은 소비를 따라 주지 못했다. 쌀 소비를 줄이고 영양을 골고루 섭취하자는 의미에서 혼식 장려 운동이 벌어졌다. 학생들에게 잡곡과 보리를 섞은 혼식으로 도시락을 싸 올 것을 권했다. 그리고 그 이행 여부를 검사했다. 쌀밥을 싸 오는 아이들이 부럽기도 하고, 검은 보리밥이 부끄러워서 누구에게도 보이기 싫었던 도시락이다. 누나처럼 친근하게 대해 주던 선생님 앞에서 도시락 뚜껑을 열 때 창피함에 어찌할 줄 몰랐다. 그날 이후 도시락을 가져가지 않았다.

보리밥 짓기는 쉽지 않다. 쌀밥 짓는 방식으로 하면 식감이 좋지 않다. 보리쌀은 쌀과 달리 오래 문질러 씻어야 한다. 물에 불리어 두었다가 으깨 주어야 부드러워지고 보리 냄새도 덜 난다. 그냥 지으면 대부분 잘 씹히지도 않으면서 끈적함이 묻어 나는 경우가 있다. 한 번 삶아 밥이 되는 것이 아니다. 미리 삶은 뒤 다시금 솥에 안쳐 불을 높여 끓여준다. 밥이 골고루 끓으면 뚜껑을 덮어주고 뜸을 들인다. 보리밥은 뜸이 잘 들어야 맛있다. 이런 수고를 하고 나서야 비로소 보리밥이 된다. 사실, 아무리 잘 지어도 보리밥은 보리밥일 뿐이다. 보리에 쌀을 넉넉히 혼합해서 지어도 식감이 쌀만 못하다. 더구나 끈기가 없어 쌀밥의 두 배 정도 먹어야 배가 부르다. 많이 먹어도 배가 금방 꺼진다. 식이섬유 함량이 쌀보다 높아 장을 빨리 통과하기 때문이라 한다.

나이를 먹으면서 좋아하는 것과 싫어하는 것의 경계가 모호해졌다. 귀하면 좋은 것이라 했던가. 그토록 쳐다보기조차 싫었던 보리밥을 요즘은 별미로 먹는다. 과거에는 쌀이 없어 가난한 서민들의 먹거리였던 보리밥. 먹을 것이 풍부해진 요즘 건강식으로 챙겨 먹는 음식이 되었다. 열무김치, 콩나물, 양념장에 들기름 넣어 비벼 먹는 맛을 50여 년의 세월을 살고 나서야 알 것 같다.

수면 위로 떨어지는 빗물이 원을 그리며 퍼져나간다. 해마다 어김없이 이팝의 계절은 돌아오고 내 머리에는 하얀 꽃이 늘어난다. 견디기 힘들었던 날들도 시간이 지나면 달콤한 추억이 된다. 세월의 추를 돌리고 있는 내 그리움의 끝에 보리 익는 내음이 있다.

2019. 5

숨비소리

흐이, 호이. 날숨이 만들어 내는 휘파람 소리. 바다 위로 올라온 해녀들이 테왁에 의지해 참고 있던 숨을 내뱉는 소리다. 해녀들은 물질할 때 바다가 허락한 숨의 길이만큼 바다를 품는다. 아무리 긴 숨의 길이를 가진 이도 숨의 시간이 다 하면 물 밖으로 나와야 한다. 숨을 더 참으려는 욕심이 생기는 순간, 물 숨을 쉬게 되고 바닷속에서 올라 오지 못한다. 자신에게 주어진 숨 이상의 것은 내 것이 아님을, 바다가 허락한 것이 아님을 받아들여야 한다. 생과 사를 가르며 삶을 건져 올리는 숨비소리.

우리의 삶도 해녀들과 다르지 않은 듯하다. 사람은 각자에게 주어진 삶의 무게가 있다. 삶이 허락하는 숨의 길이로 그 짐을 지고 걸어간다. 하지만 걸어가면서 나의 의지와는 상관없는 일들을 겪는다. 열심히 노력하고서도 실패를 맛보기도 하고, 다른 이의 잘못으로 사고를 당하기도 한다. 그런데 이런 결과는 보이지 않는 어떤 힘의 영향을 받고 있다는 생각이 든다. 좋든 싫든 말이다. 많은 이들이 이 보이지 않는 운명 앞에 후회하고 좌절하며,

모든 것을 자포자기한 채 깊은 수렁에 빠지기도 한다. 운명은 만들어 가는 것이라고 한다. 하지만 대부분 내 의지와는 상관없이 처음부터 정해져 있다는 것은 아닐까 하는 생각이 든다.

  숨을 깊다랗게 들이마신다. 그리고, 들숨의 길이보다 더 길게 숨을 뱉어 본다. 내 삶이 견뎌야 할 숨의 길이는 어디쯤 지나고 있는 것일까. 어쩌면 이미 정해져 있을지도 모르는 삶의 한계. 이미 정해진 것과 정해야 하는 것 사이에서 스스로 어찌해 볼 수 없다면, 이번 삶이 허락한 무게에 순응하며 넉넉한 마음으로 살아내고 싶다. 가쁘게 터져 나오는 숨비소리를 들으며 생각한다. 어느 길이나 오름과 내림이 공존한다는 것. 어느 삶이든 짊어져야 할 무게는 별반 차이가 없다는 것. 바닷속 깊은 곳에서 숨을 참고 있는 이가 나뿐만이 아니라는 것을.

2022. 6

굴 무밥

재료 : 굴 150g, 무 1/2개, 불린 쌀 3인분.
양념장 : 간장 3숟가락, 참기름 1숟가락, 다진 마늘 1/2숟가락, 깨소금 1숟가락, 고춧가루 1/2숟가락, 매실액, 청주, 달래, 쪽파, 청양고추 약간씩.

　어릴 적, 어머니는 무밥을 자주 지었다. 식구는 많고 쌀이 부족하다 보니 양을 늘리기 위해서다. 고구마나 시래기를 넣는 때도 있지만 대부분 무를 넣었다. 김장이 끝나고 장독 옆에 묻어둔 무는 겨우내 양식이 되었다. 요즘도 무 밥을 가끔 지어 본다. 굴까지 넣어 별미로 먹는다. 굴 무밥은 겨울나기를 위한 보양식이다. 바다의 우유 굴과 생약 무의 다양한 영양소가 어우러지면 영양 만점의 요리가 된다.
　굴 무밥을 만드는 방법은 그리 어렵지 않다. 우선 좋은 재료를 구하는 것이 중요하다. 무는 표면이 매끈하고 단단하며 잔털이 없는 것이 좋다. 초록 부분이 많아야 아삭하고 단맛이 강하다. 굴은 살이 오돌오돌하고 통통하며 유백색의 광택이 나는 것이 좋다. 살 가장자리에 검은 테가 진하고 선명한 것이 깐 지 오래되지 않은 싱싱한 굴이다. 마트에서 봉지 굴을 살 때는 투명한 것보다 뿌옇고 탁한 것을 고르는 것이 좋다. 생장이 좋고 건강한 굴일수록 뿌연 물이 더 많이 우러난다. 같은 제조일이라면 뿌연 것이 더 싱싱한 굴이다. 굴 무밥에 사용하는 굴은 둥글고 좀 작은 것이 좋지만, 싱싱하다면 크기는 무방하다.

재료가 마련되면 밥 지을 준비를 한다. 쌀은 깨끗이 씻어 30분 정도 물에 불려 체에 밭쳐준다. 무는 미리 채 썰어 소금 1작은술 넣어 10분 정도 절여 씻은 후 겉 물기를 말린다. 굴은 소금물에 살살 흔들어 씻은 다음 채반에 받혀 놓는다. 이때 청주를 살짝 뿌려주면 굴 특유의 비릿함을 줄일 수 있다.

밥 짓기는 간단하다. 뚝배기 솥에 쌀을 넣고 채 썰어 놓은 무를 골고루 얹어준다. 여기에 참기름을 몇 방울 넣어주면 풍미도 좋고, 윤기 있는 밥을 지을 수 있다. 굴 무밥은 약간 된듯하게 지어야 비벼 먹기 좋다. 물은 평소 밥을 할 때의 70% 정도만 넣어준다. 무가 생각보다 물을 많이 머금고 있기 때문이다. 솥뚜껑을 닫고 센 불로 밥을 하면 된다. 밥물이 한소끔 끓어오르면 이때 굴을 넣어준다. 굴을 처음부터 넣으면 너무 익어 뭉그러지고 탱글탱글한 식감이 떨어진다.

굴 무밥의 백미는 맛있는 양념장이다. 볼에 간장과 다진 마늘 등 준비한 재료를 담는다. 깨소금은 아끼지 말고 듬뿍 넣는다. 통깨를 쓸 때는 깨를 손바닥에 올려놓고 비벼 주면 깨의 향이 한층 살아난다. 양념장을 만들면서 달래를 넣어주면 더 상큼한 맛을 낼 수 있다. 겨울에 달래를 구하기 어렵다면 봄철에 씻어 냉동실에 보관해 두었다가 쓰면 된다. 취향에 따라 쪽파와 청양고추를 조금 넣어도 좋다.

 김이 모락모락 올라오는 무밥. 남은 것은 밥에 양념장을 넣어 비비기만 하면 된다. 한 번에 비비는 것보다 조금씩 비벼 먹는 것이 더 고소한 맛을 느낄 수 있다. 이때 젓가락으로 살살 비벼 주어야 굴도 으깨지지 않고 향이 오래 남는다.

 올겨울, 최고의 건강식품 굴 무밥을 추천한다. 굴의 상큼한 바다 내음과 무의 풋풋한 향을 느낄 수 있을 것이다.

2021. 9

말꽃 (語花)

 말은 입으로 그리는 그림이다. 마음속에 담고 있는 것이 그대로 나타난다. 그러기에 말하는 사람의 품격에 따라 그려지는 모습은 제각각이다. 향기 있는 꽃이 그려질 수도 있고 그렇지 않을 수도 있다. 부드러운 말은 상대의 얼굴에 꽃을 그려낸다. 입으로 꽃을 그린다는 건 그리 쉬운 일이 아니다. 상대의 마음을 품을 수 있어야 가능한 일이다.

 식물에 아름다운 음악을 들려주고, 사랑한다고 말하면 그렇지 않은 것보다 더 싱싱하게 자란다는 실험이 보고된 적이 있다. 마음이 묻어나는 말 한마디에 시들어 가던 식물도 생기가 도는 것이다. 아름다운 말이란 서로에게 힘이 되는 말, 상대를 배려하는 말이다.

 '한마디의 말이 들어맞지 않으면 천 마디의 말을 더해도 소용이 없다. 그러기에 중심이 되는 한 마디를 삼가서 해야 한다. 중심을 찌르지 못한다는 말일진대 차라리 입 밖에 내지 않느니만 못하다.' 채근담에 있는 글귀다.

때론 침묵에 길들이는 연습이 필요하다. 그림을 어떻게 그려야 할지 모르겠으면 차라리 침묵하는 게 좋다. 훌륭한 화가(話家)는 남의 말을 잘 듣는다. 상대도 꽃을 그릴 시간을 주는 것이다.

아내와 사소한 문제로 말다툼하는 경우가 있다. 나중에 보면 다툼의 원인보다 서로 주고받은 말에 더 큰 상처를 받기도 한다. 자신의 주장만을 내세우려다 보니 상대의 아픈 곳을 찌른 것이다. 홧김에 뱉은 말이 아내의 가슴속에 오랜 시간 화살처럼 꽂힌 적이 많았다. 감동의 한마디가 사람의 마음을 부드럽게 바꿔놓기도 하지만, 자신의 감정을 다스리지 못한 말은 후회를 남긴다.

말은 자신을 비추는 거울과 같다. 나이가 들면서 말의 무게에 대해 고민하게 된다. 사람의 인품은 말을 통해 알 수 있고, 말을 어떻게 하느냐에 따라서 내 걸어온 발자취가 다르게 그려질 수 있기 때문이다. 살면서 해온 말의 흔적들이 나이에 걸맞게 나이테처럼 가지런하게 새겨졌으면 한다. 내가 그린 말꽃이 누군가에게 아름다운 향기로 남길 소망한다.

2022. 4

나무의 눈물

 몇 년 전, 밭머리에 원두막을 지었다. 잎이 유난히 많은 참나무 아래 토대를 잡고 기둥을 세웠다. 텃밭이 뒷산에 접해 있어, 조금이라도 더 그늘진 곳을 찾은 것이 나무 밑이다. 기둥이 쓰러지지 않도록 나무에 단단히 묶었다. 자재는 공사장에서 쓰고 남은 것을 얻어 재활용했다. 아늑한 쉼터가 생겼다.
 원두막에 오는 날은 한껏 들뜬 아침을 맞는다. 냉장고를 열어젖히고 먹을 것을 챙겨 집을 나선다. 소풍 가는 기분이다. 원두막에 앉아 푸릇푸릇 자라고 있는 채소들을 내려다본다. 조그마한 텃밭이다 보니 일하는 시간보다 가지고 온 음식을 먹으며 쉬는 시간이 대부분이다. 한낮이면 느긋하게 누워 하늘을 올려다보는 여유도 부려 본다. 싱그러움이 넘실거리는 등성이 위로 하얀 구름 떼가 흘러간다. 진달래가 만발했던 산자락 아래로 아카시아꽃이 흐드러지게 피고, 청설모 한 마리가 키 큰 소나무를 오르내리며 힐끔거린다. 무심히 듣고 지나치던 멧비둘기 울음소리가 맑게 들린다. 산 그림자에 묻혀 번잡한 마음 비우는 시간이다.

원두막을 정리하다 그늘을 만들어 주던 나무에 이상이 생긴 것을 알았다. 기둥을 세울 때 묶어놓은 철사 끈이 나무를 뚫고 들어간 것이다. 자주 와서 지냈지만, 마룻바닥 아래쪽이어서 쉽게 발견하지 못했다. 꽉 조여신 부분이 혹처럼 부풀어 올랐다. 나무가 자라면서 굵어진다는 것을 생각하지 못했다. 그늘에서 편하게 지내는 동안 나무에 큰 상처를 남긴 것이다. 거칠어진 껍질이 힘없이 떨어져 나온다. 마음껏 잎새를 키우고 싱그러워야 할 시기에 나무는 고통스럽게 말라가고 있었다. 두껍게 감긴 철사 끈의 녹물 자국이 선명하다. 많은 시간 찢기는 아픔을 견딘 나무의 눈물이다.

원두막을 옮겨 짓기로 했다. 하루라도 빨리 나무를 풀어 주어야 했다. 기존의 자리에서 밭쪽으로 몇 걸음 나와 바람 골목에 터를 잡았다. 땅을 고르고 네 귀퉁이에 주춧돌을 놓았다. 이번에는 나무에 기대지 않고 말뚝을 박아 기둥을 세웠다. 마루를 어른 어깨 정도로 높이고 사다리를 놓았다. 지붕은 용마루* 마감 재료가 마땅치 않고 기술도 부족하여, 외지붕 형태로 경사를 주었다. 비가 새지 않도록 더욱 촘촘하게 엮어 마무리했다. 원두막 옆으로 장미와 두릅나무도 몇 그루 심었다. 어릴 적 시골에서 보았던 운치 있는 모양은 아니지만, 그럴듯한 다락방이 다시 생겼다. 옮기기 전보다 그늘은 적어지고 햇빛을 많이 받지만, 마음은 한결 홀가분하다.

이마에 땀을 닦으며 나무를 들여다본다. 밑동이 볼록하게 부풀어 오른 나무가 안쓰럽다. 나무는 내가 그늘을 누리던 시간보다 더 많은 시간을 치유하며 보내야 할 것이다. 어리석은 마음이 남

---

* 지붕 가운데 부분의 가장 높은 곳에 있는 수평 마루

긴 아픈 흔적이다. 조금만 더 주의 깊게 살펴보았더라면…. 바쁘게 앞으로만 내달리는 삶이다. 잠시 멈추어 서서 나를 한 번 되돌아본다. 나의 편리를 위해 다른 사람의 입장을 헤아리지 못하고, 마음을 다치게 하지는 않았는지. 이사한 원두막으로 여름이 성큼 다가온다.

2017. 5

諸行無常

 암자를 오르는 가파른 오솔길에 눈이 소복하게 쌓였다. 절 마당이 보이자 가슴이 울렁인다. 아들의 이곳 생활이 길어지면서 생긴 두려움이다. 사고 후, 허약해진 몸과 마음을 추스르기 위해 요양 차 절을 찾은 아들이 세 번째 겨울을 보내고 있다. 얼굴이 핼쑥해 보인다. 아들의 건강만 회복된다면 무슨 짓이라도 하겠다던 다짐도, 부처님의 자비로운 은덕을 입었다고 큰절 올리던 불심도 남아 있지 않다. 어미가 죽으면 그때 다시 와도 좋으니, 이제 집으로 돌아가자고 했다. 조금 더 지내보겠다는 대답에 가슴이 무너져 내린다. 오르는 것보다 내려가기가 더 힘겨운 줄 알았다면 이곳에 데려오지 않았을 것이다.

 소나무 가지에 쌓였던 눈이 후두두 떨어진다. 삼 년 전, 죽어가는 몰골로 처음 왔을 때 한 달도 버티지 못하고 내려갈 줄 알았다. 아이는 나를 믿고 따랐다. 마당의 나무 대하듯, 뒤뜰에 돌덩이 놓은 듯 묵묵히 바라봐 주고 곁에 있어 주었다. 새벽의 안락함을 버리고 저 홀로 수행 정진해온 시간이었다. 제행이 무상이고,

인연 따라서 오고 가는 것은 거스를 수 없는 이치다. 올 때 제 발로 온 것처럼 갈 때도 그렇게 해야 한다는 걸 잘 알 것이다. 내려가야 한다는 말을 차마 꺼내지 못하는 마음을 알기에 모른 척했다. 부처님께 이르는 것이 어찌 사문의 길뿐이랴.

비로자나불을 모신 대적광전 앞마당이 하얗게 덮였다. 초저녁 이른 잠과 새벽을 맞바꿔 생활한 지 꽤 오랜 날들이 지났다. 번민의 사슬을 풀어내는데 많은 시간과 버틸 힘이 필요한 모양이다. 스님의 수행을 따라 하는 것이 이제 겨우 익숙해졌다. 참회문을 읊조리는 백팔배도 일상으로 들어왔다. 자식 때문에 늘 걱정으로 지내는 어머니. 오늘따라 더 늙어 보인다. 근심이 잔뜩 낀 표정에 머리가 희끗희끗한 것이 눈 맞은 탓만은 아닌 듯싶다. 이곳에서 조금 더 지내겠다고 했지만, 이 또한 욕심인 것을. 홀로 남아 있다는 것이 무엇을 의미하는지 잘 안다. 발길을 돌리는 어머니의 주름진 얼굴이 검게 굳어진다. 저만치 스님께서 나를 바라보고 있다. '이곳에 머문 것만으로도 큰 은공이었습니다. 떠나더라도 이 인연 소중하게 간직하며, 가르침대로 행하는 삶 살겠습니다.' 큰스님께 드릴 인사말을 생각해 두었는데, 스님이 더는 묻지 않고 말없이 등을 돌리신다. 온기로 선명하게 남아 있는 어머니 발자국을 내리는 눈이 자꾸 덮는다.

2018. 1

항가울을 오르다

휴암산이 감싸고 있는 조용한 아파트 단지. 예로부터 감나무와 대나무가 많아 감대골이라고 불리던 곳. 우리 마을 감자골이다.

감자골이 있는 상록구 사동은 곳곳에 많은 볼거리를 간직하고 있다. 상록 오색 길의 본오 들판 길, 댕이골, 갈대 습지 등이 다양한 멋으로 다가온다. 황토 십리 길과 맞닿아 있는 본오 들판 길은 1.3㎞의 짧은 길이다. 나무와 풀이 아닌 넓은 들판이 펼쳐져 있는 이색적인 산책로다. 가을날 황금색으로 물든 농경지에 햇살이 남겨 놓는 붉은 노을은 그 어디서 보는 것보다 아름답다. 또한 겨울철 들판을 날아오르는 철새들의 모습은 한 폭의 그림이다.

댕이골 전통음식 거리도 사동의 자랑이다. 한정식부터 해물·오리·장어 등 다양한 전문음식점이 모여 맛집 골목을 이루고 있다. 골짜기가 댕기 머리처럼 길다는 뜻에서 댕이라 불리는 이곳은, 2005년 경기도로부터 '음식문화 시범 거리'로 지정받기도 했다.

바람 불어도 괜찮은 곳, 바람이 불어 더 좋은 곳이 갈대 습지다. 습지에서는 바다 내음, 새들의 재잘거림, 갈댓잎 부딪히는 소리 등 바람이 들려주는 이야기를 들을 수 있다.

감자골의 가장 큰 매력은 창문을 열면 코앞에 닿는 뒷산이 있다는 것이다. 집 뒤에 숲길이 있다는 것은 축복이다. 벚꽃이 흐드러지게 피어나는 봄이면 산자락은 하얀 물결로 넘실댄다.

휴암산. 산 모양이 부엉이처럼 생겼다고 하여 부엉재산이라고도 불린다. 집에서 나와 주차장만 돌면 바로 휴암산을 오르는 계단이다. 계단을 올라 부드러운 흙길에 들어서면 어머니의 품처럼 애틋한 감정에 기분이 좋아진다. 인위적인 공원길이 아니라 적당한 오르내림이 있는 숲길이라서 더욱더 낭만적이다. 흙 내음을 맡으며 걷다 보면 부드러운 감촉을 맨발로 느끼고 싶은 생각이 들 정도다. 새 소리가 유난히 맑게 들리고 자생하는 각종 야생화가 눈길을 끈다. 산 정상에는 부엉이바위가 있다. 바위 뒤로 허리가 꺾여 옆으로 자라고 있는 나무가 모진 세월의 흔적으로 남아 있다.

참나무숲의 경사진 길을 오르면 항가울산으로 들어선다. 휴암산에서 항가울산으로 이어지는 숲길은 수리산의 한 줄기로 볼 수 있다. 숲길은 완만하고 부드러워 큰 어려움 없이 걸을 수 있다.

어느 숲 작은 봉우리라도 정상은 이름이 있게 마련이다. 용두봉. 항가울산 정상이다. 승천한 용이 비상하는 형상을 닮았다 하여 붙여진 이름이다. 저물녘 정상에 서면 시화호로 빠지는 아름다운 낙조를 볼 수 있다. 정상 바로 아래 세워져 있는 감골정은 해맞이 명소다. 항가울산은 숲의 식생이 풍부해서 봄부터 가을까지 숲길에는 피톤치드 향이 가득하다. 특히 밤나무와 참나무가 많다. 숲길을 걷다 보면 참나무를 오르내리는 청설모를 자주 볼 수 있다.

  안산에 정착하기 위해 이사를 오면서 처음 자리를 잡은 곳이 감자골이다. 산자락이 알을 품듯 감싸고 있는 정겨운 동네. 그 후로 30년 가까이 이곳에 머물러 사는 이유는 아파트와 울타리를 하는 뒷산이 있어서 인지도 모른다.

2021. 11

수암봉 연가(戀歌)

 절 지붕 위로 뭉게구름이 한 무더기 떠 있다. 허리 굽은 소나무가 만들어준 그늘에 자리를 잡았다. 산사가 바로 내려다보인다. 목탁 소리 타고 들리는 산비둘기 울음이 애잔하다. 바위틈에 뿌리내린 여린 들풀이 꽃을 피웠다. 가녀린 자태지만 강인함이 느껴진다. 이름 모를 버섯이 죽은 가지를 움켜쥐고 있다. 새 생명이 생겨나고 자라는 일은 언제나 신비롭다. 수암봉을 오르려는 한 무리의 산객들이 비탈을 오른다.
 수암봉(秀岩峯)은 안산(安山)의 명소다. 봉우리(398m)가 독수리를 닮았다 하여 독수리 봉[鷲岩]으로 불리다가, 산세가 수려하여 수암봉(秀岩峯)이란 이름을 갖게 되었다. 광주산맥의 말단부로 정상 부분은 암석이 노출되어 있어 가파른 절벽을 형성하고 있다. 전망대에서 바라보면 북동쪽으로 관악산, 서쪽에는 시화호가 한눈에 들어온다. 수암봉 일대에는 안산 읍성 및 관아 터가 잘 정비되어 남아 있다. 골짜기에서 흘러내린 물줄기는 안산천의 발원지로 지장 골에서 저수지를 만들고 다시 흘러내려 시화호로 들어간다. 수암봉을 오르는 등산코스는 여러 개다. 완만한 등산로가 잘 정비되어 있어 초심자는 물론 아이들도 어렵지 않게 산을 오른다. 어느 코스를 들머리로 하여도 한 시간 남짓이면 정상에 다다를 수 있다. 주말에는 많은 사람이 산행의 즐거움을 누리고 있다. 암릉과 나무가 어우러진 수려한 경관은 시민의 휴식과 여가 공간으로 중요한 역할을 한다.

그동안 수암봉을 편안한 시민의 휴식처로 만들기 위한 관리 기관의 노력은 지속하여 왔다. 약수터 주변 체육시설의 낡고 부식된 운동기구는 수리 후 도색 했다. 등산로 토사 유출방지 및 안전 산행을 위해 계단과 보행 매트를 깔고, 암석 구간은 안전밧줄을 설치했다. 등산객의 안전한 쉼터가 될 수 있도록 평상과 곳곳에 벤치를 만들어 놓았다. 정자의 보수도 잘 되어 있다. 이러한 관리 덕분에 수암봉 공원은 시민의 품으로 한 발 더 가까이 다가왔다.

아직 미흡한 부분은 존재한다. 등산로 입구의 정비되지 않은 건물들이 눈살을 찌푸리게 한다. 그러나 더 큰 문제는 산을 찾는 등산객이다. 목줄 없이 애완견을 약수터까지 데리고 오는 때도 있다. 다른 사람을 배려하지 않는 행동을 하는 등산객은 여전하다. 일부 큰소리를 내며 막걸리를 마시는 광경을 자주 본다. 그럴 때면 콧속으로 들어오던 솔잎 향기는 사라지고 음식 냄새가 진동한다. 산행 중 땀을 많이 배출해 수분이 당기는 것은 사실이다. 숨 가쁘게 올라와서 시원한 막걸리 한잔하는 걸 탓하는 것이 아니다. 음식물 쓰레기나 위생 문제는 차치하고라도 음주로 인한 사고가 염려된다. 한 잔이 두 잔, 세잔으로 이어지면 자칫 사고로 이어질 수 있기 때문이다.

수암봉을 지켜나가는 것은 우리 모두의 몫이다. 무엇보다도 성숙한 시민의식이 중요하다. 수암봉은 개인이나 어느 특정 단체의 소유물이 아니다. 아끼고 보존해야 할 우리 안산 시민의 소중한 자원이다. 풀 한 포기 나무 한 그루도 함부로 해서는 안 된다. 사랑하는 마음으로 보살피고 가꾸어야 한다. 대문을 나서면 바로 수려한 산자락을 만날 수 있다는 것은 축복이다. 수암봉을 끼고 있는 안산 시민이 행복한 이유다.

2018. 10

PART III

기대여 살아가기

사라지는 것들에 대하여

　대폿집이 사라졌다. 함석판에 빨간 페인트로 쓴 간판은 이제 보기 힘들다. 대폿집이란 커다란 대포, 바가지에 막걸리를 퍼 담아 마셨다고 해서 붙여진 이름이다. 왕대포란 큰 대포일 수도 있고, 인심이 넘친다는 뜻도 된다.
　고향 읍내에 왕대폿집이 있었다. 버스 정류장 옆, 닭전머리 한 구석에 있는 선술집이다. 그 옆에 뻥튀기집이 있고, 맞은편에는 방앗간도 있었다. 버스를 기다리는 자투리 시간에 잠시 들르던 곳. 콧구멍만 한 가게에 나이 지긋한 할머니가 손님을 맞는다. 출출한 속을 달래는 데는 모름지기 대포 한 잔이 제격이다. 이곳에서 대폿술을 시키면 안주가 공짜다.
　-머랑 먹으야 쓰나.
　주인은 아무것도 없다고 하면서 주섬주섬 먹을 것을 챙긴다. 젓갈이 짭짤하게 곰삭은 묵은지와 동치미, 더러는 돼지비계 삶은 것도 맛볼 수 있다. 그중 할머니 손맛이 만든 최고의 음식은 비지탕이다. 새우젓 국물과 고춧가루를 넣어 매콤하게 만든 비지탕은 인기가 좋았다. 시커멓게 그을린 찌그러진 양푼에 묵은지를 듬뿍 넣고 만든 비지 탕. 간간한 국물에 수제비를 넣어 한 그릇씩 퍼 준다. 뜨겁게 목을 타고 넘어가는 비지의 묵직한 맛. 끼니가 변변치 않던 시절, 허기진 배를 채우기에 충분했다.

-대폿집이라는 게 조응 게 있고 나쁭 게 있능겨. 안주가 공짜여. 그건 손님이 좋아. 막걸리 한 됫박 시키믄 안주가 나오닝께. 그란디 주인은 안 좋아. 먼 말인지 알제.

읍내에 가서 대폿술을 마실 때 아버지가 하던 말이다. 그 뜻을 온전히 이해하기 전에 대폿집은 사라졌다. 낯익은 얼굴들이 정감을 나누며 만들던 웃음도 함께.

설이 다가올 무렵, 마을 집집이 돌아가며 두부를 만들었다. 새해를 맞으며 두부를 만드는 것은 연례행사였다. 두부를 만들 때는 콩 선택이 중요하다. 우선, 가을에 수확한 질 좋은 해콩을 골라 물에 불린다. 이때, 충분히 불려야 단단한 콩이 부드러워져 진다. 하루 정도 불린 콩은 맷돌로 갈아준다. 맷돌질은 두 사람이 맷손을 맞잡고 서로 밀고 당기며 힘을 나눈다. 갈아준 콩을 가마솥에 넣고 끓인 후 보자기에 받쳐 건더기와 콩물을 걸러준다. 이때 나온 건더기는 비지가 된다. 콩물을 다시 끓여 간수를 넣으면 눈이 내린 듯 몽글몽글 엉기는데, 이것이 순두부다. 순두부가 되면 먼저 사랑채 어른들께 한 사발씩 맛보기로 드렸다. 나머지를 면포 깐 틀에 넣고 판으로 눌러 물기를 짜내면 모두부가 된다. 식혀진 두부는 빨간 고무 함지에 넣고 물을 채워 보관했다. 그렇게 만든 두부는 설을 지나 대보름까지 먹었다.

사실, 두부는 갓 만들었을 때가 제일 맛있다. 아무리 잘 보관해도 시간이 지나면 고소함이 덜하다. 하지만, 냉장고가 없던 시절, 달리 방법이 없었다. 두부 맛은 동네 사람들이 어울려 만들기에 비슷할 것 같지만 집마다 달랐다. 주인의 콩물 내는 방식과 끓일 때 불 세기 조절, 간수 맞추는 정도에 따라 맛이 제각각이다. 요즘은 집에서 두부를 거의 만들지 않는다. 눈발 흩날리는 날, 툇마루에 앉아 맷돌을 돌리는 모습은 보기 힘들어졌다.

수암봉에 올 때면 자주 들르는 곳이 있다. 맷돌로 콩을 직접 간다는 손두붓집이다. 매콤한 두부전골이 주 음식인 이곳은 꽤 여러 해 주인 바뀜 없이 장사하고 있다. 가게 모퉁이 커다란 함지박에는 늘 비지가 쌓여 있다. 필요한 사람은 가져가라는 안내 쪽지가 붙어 있다. 두부를 만들 때 나오는 비지를 모아 두었다가 손님들에게 무료로 나누어 주는 것이다.

비지는 띄워서 먹어야 더 맛있다. 면 보자기에 비지를 잘게 부숴 김 오른 찜통에 살짝 쪄준다. 찐 비지는 물기를 짠 뒤 채반에 옮겨 놓는다. 지푸라기를 말아 중간중간 박은 후, 이물질이 들어가지 않도록 갈무리하면 된다. 전기장판에 비닐을 한 겹 깔고 그 위에 공기가 통하도록 올려놓는다. 따뜻하게 담요를 덮어 주고 나서 이틀 정도 지나면 구수한 냄새가 난다.

지난겨울 비지를 얻어 온 적이 있다. 비지찌개를 해보고 싶었다. 띄운 비지에 볶은 돼지고기와 묵은지를 넣었다. 호박과 감자도 조금 넣어 그럴듯하게 끓였다. 그런데 제맛이 나지 않는다. 예전에 먹었던 비지 탕의 구수하고 깊은 맛은 고사하고, 맹숭맹숭하다. 입맛이 변한 탓일까. 어떤 맛도 그냥 얻어지는 게 아닌 모양이다. 음식은 그리움으로 먹어야 맛있다. 같은 음식이라도 서로 다른 사연이 녹아있기에.

  가을비 맞은 낙엽이 땅 위를 덮는다. 내 안타까운 추억도 낙엽에 묻혀가고 있다. 사그라드는 모습까지 아름답길 바라는 건 욕심일까. 사라지는 것이 모두 그리움으로 남는 것은 아니다. 그렇더라도 망각에 잠식당하는 기억에 대한 미련은 설움이 된다. 맴도는 전화번호, 변죽만 울리는 이름들, 흐릿해진 골목, 머릿속에 넣어 둬도 미꾸라지처럼 쏙쏙 빠져나가는 바로 이런 것들. 기억하기 힘들어 수없이 중얼대야 하는 것들을 끄집어내 그리움을 짓는다.

2023. 11

사람꽃 (人花)

어느결에 반짝이는 꽃눈을 달고
우렁우렁 잎들을 키우는
사랑이야말로
짙푸른 숲이 되고 산이 되어
메아리로 남는다는 것을
누가 뭐래도
사람이 꽃보다 아름다워

- 노래 「사람이 꽃보다 아름다워」 중에서

    가을 꽃내음에 흠뻑 취한 하루였다. 축제가 열리는 일산 호수공원은 코스모스와 국화 등 가을꽃이 만발했다. 여러 소재의 조형물과 꽃들로 다양한 주제 공간을 만들어 놓았다. 호수 중앙의 노래하는 분수대에서는 시원하게 물줄기가 하늘 높이 치솟는다. 한낮의 넉넉한 햇살이 메타세쿼이아 터널까지 밀려들어 왔다. 깊어 가는 가을의 정취가 물씬 느껴지는 나들이였다. 집으로 돌아

올 때는 평소 잘 이용하지 않던 지하철을 탔다. 휴일 오후의 지하철은 생각보다 사람이 많지 않았다.

옆 칸에서 막내아들 또래쯤으로 보이는 남학생이 건너왔다. 모자를 푹 눌러 쓰고 있어 얼굴을 자세히 볼 수는 없었다. 작은 체구에 얼핏 왜소한 느낌이 들었다. 짧고 성긴 구레나룻에서 목으로 내려오는 살결이 아직은 앳된 모습이다. 학생은 의자에 앉아 있는 사람들 무릎에 종이쪽지를 올려놓았다. 두꺼운 종이에 매직으로 눌러 쓴 쪽지가 내 무릎에도 놓였다. 실눈을 뜨고 슬쩍 읽어보았다. 어머니를 여의고 홀로 아르바이트하다가 사고로 두 손가락을 다쳐 일할 수 없다는 내용이었다. 요즘도 지하철에서 이런 구걸을 하는 사람이 있나 하는 씁쓸한 생각이 들었다. 그에게 무슨 도움이 될까. 말없이 쪽지만 놓고 가면 누가 읽어 보기나 하려나. 괜한 고생이라 생각했다. 각박한 세상에 다른 사람에게 신경 쓸 여유를 지닌 사람이 몇이나 될까. 그런데 그런 생각이 느낌표로 바뀌는 데는 그리 오래 걸리지 않았다.

맞은편에 앉은 연인인 듯한 젊은 남녀의 무릎에도 쪽지가 놓였다. 두 사람은 내가 처음 보았을 때부터 휴대전화기로 게임을 하는 듯했다. 오는 동안 가끔 귓속말을 주고받을 뿐 휴대전화기에서 눈을 떼지 않았다. 쪽지에는 관심이 없는 듯 보인다. 고개를 숙인 채 연신 글자판을 누른다. 무릎이 해진 옷차림에 귀를 뚫은 남자 모습이 마뜩잖아 눈을 감았다. 요즘 젊은 세대들은 남의 일에 신경을 거의 쓰지 않는다. 개인주의 성향이 강하기 때문이다.

가난 구제는 밑 빠진 독에 물 붓기라는 말을 믿었던 때가 있었다. 그 시절 이 말에 대한 내 믿음은 확신에 가까웠다. 구걸에 대한 견해도 사뭇 다르지 않았다. 걸인에게 향하는 작은 온정이 걸인을 해칠 수도 있다고 생각했다. 불쌍하고 안쓰럽게 생각하여 그저 받아주면 상황을 악화만 시킬 뿐, 어설픈 도움이 오히려 그들을 망칠 수 있다고. 알량한 동정심이 자기만족을 느끼게 해 줄 수는 있어도 그것은 그들이 스스로 자립할 기회를 빼앗는 위험한 짓이라고. 하지만 제법 오랜 시간을 살고 나서야 알았다. 걸인이나 노숙자에게 동정을 표시하는 것은 밑 빠진 독을 마음의 연못에 던져 넣는 사랑의 실천이라는 걸.

언젠가 버스 정류장에서 들었던 대화가 생각난다.

－어려운 사람이 어려운 사람 마음 알고 돕는다는 건 말이 안 되는 거야. 자기 분수를 알아야지. 어렵지 않은 사람이 어려운 사람을 돕는 거야. 오른손이 한 일을 왼손이 모르게 할 수는 없어. 대부분 사람은 오른손이 한 일을 왼손이 알아주길 바라거든. 받는 이의 마음을 헤아리기보다, 그럴듯한 선행으로 포장된 자신이 다른 이의 눈에 어떻게 비치는지에 더 신경을 쓰게 되는 거라고. 누굴 도와준다는 생각 말고 누군가 도움 주면 고맙게 받아쓰면 돼.

자세히 듣지는 못했지만 대충 오가는 말을 들으며 가슴 한편이 싸한 느낌이었다. 사람의 마음을 표현한다는 것이 쉬운 일이 아니구나.

남을 돕는 것은 단순히 어려운 사람을 돕는 것이 아니라 상대를 이해하는 마음에서 시작한다. 누구나 쉽게 할 수 있을 것 같지만 아무나 할 수 있는 일이 아니다. 다른 사람의 인격을 존중하고 스스로 다가선 마음으로 도움을 준다는 게 그리 쉽지만은 않다. 사람 사이의 어울림은 진심에 바탕을 둔다. 머리를 숙이고 이웃과 더불어 사는 삶이 몸에 배도록 노력해야 하는데 그게 말처럼 잘되지 않는다. 겨자씨만 한 불씨 하나가 산더미 마른 풀을 다 태울 수 있듯이 작은 나눔들이 풍요로운 삶을 만들어 낸다. 세월이 지날수록 따뜻한 나눔의 멋이 그리워진다.

 학생이 끝에서부터 무릎에 올려둔 쪽지를 거둬 온다. 천 원짜리라도 한 장 주어야 하나. 선뜻 손이 가지 않는다. 그때였다, 이제껏 휴대전화기에 열중하던 젊은 남녀가 각자 지갑을 꺼내는 것이 보였다. 만 원권 지폐를 꺼내 쪽지와 함께 건네며 학생을 보고 살포시 웃는다. 저토록 아름다운 웃음이 있을까. 축제에서 본 그 어떤 꽃보다 더 아름다운 사람 꽃을 보았다. '나눔'은 알아야 하는 지식이 아니라 실천해야 하는 행동이다. 순간 머릿속이 하얗게 저려 온다. 건들멋이 넘치는 젊은 친구들을 나는 똑바로 바라볼 수가 없었다.

2019. 10

기대며 살아가기

마른 가지에 꽃망울이 맺혔다. 한낮은 봄기운이 완연하다. 봄볕을 따라 강화도에 있는 석모도로 향한다. 몇 해 전만 해도 석모도에 들어가려면 배를 타야 했다. 배가 움직이기 시작하면 꽁무니로 갈매기들이 모여든다. 갈매기의 날갯짓을 유혹하기 위해 새우깡을 던진다. 갈매기는 그 보답으로 카메라를 향해 날아들었다.

가파른 길에 솔 내음이 풍긴다. 낙가산 중턱에 자리 잡은 보문사. 보문사는 동해 낙산사의 홍련암, 남해 금산의 보리암과 더불어 3대 해상관음 성지로 불린다. 관세음보살의 원력이 광대무변함을 상징하여 보문(普門)이라 이름 지었다고 한다. 절 마당 큰 바위틈에 자라고 있는 향나무가 눈길을 끈다. 나이가 700년 정도 된다고 한다. 마치 용이 용트림을 하는 듯이 비틀려 있다. 자연 동굴 안에 나한을 모신 석굴 법당, 어부가 건져 올렸다는 나한상을 모신 곳이다. 석실(石室)은 웅장하면서도 신비롭다. 목탁 소리가 깊은 울림으로 다가온다. 부처님 앞에 엎드려 있는 노(老) 보살의 모습이 경건하다. 어떤 간절함으로 머리를 조아리고 기원하는 것일까.

가을걷이가 끝나면 어머니는 절에 다녀올 생각에 분주하다. 농사철에는 한 번도 가지 못한다. 농사일이 바빠 부처님 오신 날이나 백중(百中) 때에 장독에 물 한 접시 겨우 올릴 뿐이다. 농사일이 끝나야 절에 갈 엄두를 내는 것이다. 항아리에 보관했던 햅쌀을 챙긴다. 처음 수확한 벼를 방아 찧어 놓은 것이다. 부처님께 갈 채비는 간단하다. 특별히 준비할 것이 없다. 어머니는 흔한 염주 하나 없다. 글을 모르니 경전을 지니고 다니지도 않는다. 엎드려 절하는 것이 부처님을 대하는 전부다.

석굴 앞 느티나무 아래로 법고(法鼓)가 보인다. 소리로서 불음을 전파하는 불전사물(佛殿四物) 중 하나다. 아침·저녁 예불 때에 범종(梵鐘)과 함께 치는 의식 용구다. 중생들을 깨우치기 위해 청명한 소리로 산사에 울렸을 것이다. 법고 좌·우로 목어(木魚)와 운판(雲版)이 걸려 있다. 목어는 물속에 사는 어류 중생을, 운판은 허공에 날아다니는 짐승들을 제도하기 위하여 치는 것으로 알려졌다. 이들은 중생교화의 상징성을 지니고 있다. 특히 목어는 물고기처럼 늘 깨어 있어 수도에 정진하라는 의미다.

초등학교 무렵, 어머니를 따라 처음으로 절에 갔다. 우리 집에 탁발을 오신 스님이 '절에 오면 쌀 과자를 주겠다'는 말하고 난 후였다. 집에서 절까지 가려면 한나절을 걸어야 했다. 읍내에 나가면 차를 탈 수 있었지만, 어머니는 걷는 걸 택했다. 하루 두세 번 다니는 차 시간을 맞추기도 어려웠지만, 차비를 아끼기 위해서였다. 뒤 축을 실로 꿰맨 검정 고무신을 신은 어머니가 앞장을 선다. 어린 걸음으로 산길을 따라가기가 쉽지 않았다. 쌀쌀한 늦가을 바람에도 땀이 솟는다. 쌀 과자를 먹고 싶은 마음에 투정할 겨를이 없다.

눈썹바위 마애불상으로 오르는 400여 개의 계단이 보인다. 오르기만 해도 소원이 이루어진다는 길이다. 빛바랜 연등이 바람에 일렁인다. 무슨 소원을 빌기 위해 달았던 것일까. 32척(尺)이나 된다는 불상 앞에 섰다. 눈썹 모양의 움푹 들어간 바위에 조각되었다. 초승달 같은 눈썹과 감은 듯 길쭉한 두 눈이 인상적이다. 몸보다 얼굴, 특히 코가 지나치게 크다는 느낌이 든다. 속설에, 기도하면 아이를 가질 수 있다고 전해져 여인들이 많이 찾는다고 한다. 좌정하고 있는 마애 관음상의 인자한 미소가 따스하게 다가온다.

어머니는 대웅전에 가지 않았다. 먼발치에서 바라보고 고개 숙이는 것이 전부였다. 나중에 알게 됐지만, 번잡한 것을 좋아하지 않아서였다. 속리산의 작은 암자 수정암, 법주사 경내로 들어가기 전 징검다리 건너에 있는 비구니 스님들의 수도처다. 작은 법당은 한적했다. 어머니가 한발 앞서며 내게도 절을 하라고 한다. 몇 번이나 했을까. 힘이 들었다. 뒤로 물러나 벽에 등을 기댔다. 어머니의 절은 한참이나 이어졌다.

물 빠진 바다가 기우는 햇살에 끌리어 간다. 여름날 나무 그늘에 누운 소 등같이 밋밋한 갯벌을 남기고 저만치 밀려나 있다. 들고 나는 물길이 만든 구릉들이 길게 늘어져 있다. 바다는 그렇게 채우고 비우기를 거듭하며 오랜 세월을 이겨 왔다. 삶이란 그런 것이다. 더하기를 원한다고 해서 더하기만 할 수는 없다. 빼는 것의 의미를 아는 삶이 되었으면 하는 생각을 한다. 마음 비우기가 쉽지 않다. 다짐할 때뿐이다. 욕심이 줄어든 자리에 겸손이 들어올 수 있길 바란다. "지붕 잇기를 성기게 하면 비가 새듯이 마음을 조심하지 않으면 탐욕이 뚫고 들어온다." 법구경의 말을 새겨본다.

사람은 힘들 때 기댈 것을 찾는다. 자신을 받쳐줄 기둥이 필요한 것이다. 그것이 사람일 수도, 종교일 수도 있다. 내게 어머니는 큰 기둥이었다. 어머니의 삶이 순탄하지는 않았다. 그 힘겨웠던 삶을 온전히 이해할 수는 없다. 남편 없이 여섯 자식을 키우며 살기가 쉽지 않았을 것이다. 어머니에게도 기댈 무엇이 필요했다. 그럴 때 어머니는 부처님을 뵈러 갔다. 병석에서도 절에 한 번 다녀오고 싶다던 어머니.

시간은 모든 것을 무디게 만든다. 어머니가 세상을 떠난 지 몇 개월. 차츰 기둥이 섰던 빈자리에 익숙해지고 있다. 이제 내가 누군가의 기둥이 되어야 한다. 무언가에 쫓기듯 조급한 마음이다. 마음의 여유를 찾고 싶다.

2019. 3

전통 혼례를 만나다

 요즘 전통 혼례는 어떻게 치러질까. 직접 본 지가 오래된 터라 자못 궁금했다. 전통 혼례는 서양식 결혼식에 밀려 겨우 명맥만 유지하는 정도다. 혼례 준비와 절차가 다소 어려울 뿐 기본 맥락은 예식 결혼과 비슷한 순서로 진행된다. 지방에 따라 차이가 있지만 의혼, 대례, 후례의 단계를 거친다. 의혼은 양가가 중매인을 통해 서로의 의사를 전달할 때부터 대례를 거행하기 이전까지를 말하고, 대례는 신랑이 신붓집에 가서 행하는 모든 의례를 말한다. 대례가 끝난 뒤 신부가 신랑집으로 오는 의식과 신랑집에 와서 행하는 의례를 후례라 한다. 한국의 집. 지인의 백년가약인 대례의식이 이곳에서 행해진다.

 해린관 뒤뜰에 마련된 초례청은 잔치 분위기가 무르익었다. 혼주에게 축하 인사를 전하는 하객들과 분주히 오가며 진행을 준비하는 사람들로 붐빈다. 행복한 순간을 기록하기 위한 사진사의 열정에 셔터가 연신 눌러진다. 희락당 뜨락에 꽃무늬 병풍이 쳐지고 돗자리가 깔렸다. 연못의 금붕어도 혼삿날인 줄 아는지 이리저리 신나게 헤엄을 친다.

  천막 차양 아래 화문석 돗자리에 놓인 대례 상은 두 개의 단으로 꾸며졌다. 아랫단에 마주한 두 개의 술상에 노란 주전자와 술잔이 가지런히 올려졌다. 술상 옆으로는 다산을 의미하는 암탉과 처자식을 보호하는 것을 의미하는 수탉이 청, 홍보자기에 쌓여 나란히 놓였다. 예로부터 암탉이 알을 낳듯 아이를 낳아 기르는 어머니, 수탉이 눈을 부라리고 홰를 치듯 아내와 자식을 부양하는 아버지를 의미하여 상에 올려 왔다. 윗단 양옆에는 청, 홍색의 양초를 꽂은 촛대 한 쌍과 군자의 표상인 소나무와 대나무가 서 있다. 소나무는 사시사철 변함없는 마음을, 대나무는 올곧은 모양 때문에 지조를 뜻한다. 두 나무 사이에는 백미와 과일이 놓였다. 불로장생을 뜻하는 대추와 역시 다산을 의미하는 밤과 감이 앞뒤 자리를 차지했다. 상 옆으로 세숫대야와 수건이 가지런하게 올려져 있다.

  혼례청 울림 의식으로 사물놀이패의 공연이 시작됐다. 산만한 초례청을 정돈하고 하객들의 마음을 모아 분위기를 띄운다. 요란한 꽹과리 소리에 맞춰 북과 장고가 울린다. 삼색 띠의 색동더거리를 입은 놀이패가 만들어 내는 흥겨움이 금세 중정 뜰에 가득 찬다. 상모놀이와 버나잡이의 원판 돌리기가 절정에 이를 때에는 모두가 박수로 힘을 돋는다. 장단의 머리박에 한 번씩 쳐 주어 전체 가락을 푸근하게 감싸는 징 소리의 여운이 길게 남는다. 우리 민족이 가진 신명을 유감없이 발휘한 축복의 시간이었다.

  청, 홍초에 불이 밝혀졌다. 은은한 가야금과 거문고 소리가 울려 퍼지면서 집례가 혼례의 시작을 알린다. 환벽루 옆 연못 위에 오늘의 주인공 신랑의 모습이 보인다. 훤칠한 키와 준수한 외모에 모두 반색한다. 머리에 검은 사모를 쓰고, 자줏빛 단령을 입었다. 흉배에 새겨진 두 마리 학의 힘찬 날갯짓이 금방이라도 날아오를 듯하다. 잠시 후, 신랑이 기럭아비를 대동하고 한 계단 한 계단 천천히 내려온다. 처음 신어 본 목화 신발에 걸음이 조심스럽다. 아범 품에 쏙 들어온 기러기가 앙증맞다. 신랑이 신붓집에 차려진 제상 앞으로 다가섰다. 전안례를 올리기 위해서다. 무릎을 꿇고 홍색 보자기에 싸인 기러기를 넘겨받아 머리를 왼쪽으로 하여 소반 위에 올려놓는다. 기러기는 신의, 예의, 절개를 상징하는 길조로 바람직한 부부관계의 상징으로 여겨진다. 한번 인연을 맺으면 생명이 끝날 때까지 연분을 지킨다고 한다. 규합총서(閨閣叢書)*에 따르면 '추우면 남으로 오고 더우면 북으로 가니 신의가 있고, 날 때부터 차례가 있고 날아갈 때 선두와 후미가 상응하므로 예의가 있고, 홀로 되어도 짝을 구하지 않으니 절개가 있고, 또 밤에는 보초를 세우니 지혜가 있다.'라고 기록되어 있다. 이 때문에 신랑이 그 뜻을 담아 장모에게 나무 기러기를 바치는 것이다. 신랑이 행복한 가정을 가꾸며 백년해로하겠다고 마음 깊이 다짐하며 큰 절로 예를 올린다.

드디어 신부가 백포를 밟으며 모습을 드러낸다. 활 옷차림에 연지곤지를 찍고 족두리를 한 신부가 초례청으로 들어섰다. 수모의 도움을 받으며 손을 씻는 흉내를 낸다. 소맷자락 밖으로 손을 내놓지 않은 채 서쪽 자리에 다소곳이 선다. 신랑도 시반의 도움을 받아 세숫대야에 담긴 물로 손을 씻으며 몸과 마음을 정갈하게 한다. 대례 상을 사이에 두고 마주 선 신랑과 신부. 두 사람

---

* 규합총서(閨閣叢書)는 1809년 (순조 9년) 여성 실학자이자 서유구의 형수인 빙허각 이씨가 아녀자를 위해 엮은 일종의 여성 생활 백과이다.

모두 긴장한 기색이 역력하다. 신부가 신랑에게 두 번 절을 한다. 이에 대한 답례로 신랑이 신부에게 한 번 절을 한다. 신랑 신부가 상대방에게 백년해로를 서약하는 교배례 의식이다. 술잔에 술을 채워서 하늘과 땅에 부부가 되었음을 알리고, 배우자 간에 도리를 지키겠다는 의미로 술잔을 교환하여 술을 나누어 마신다. 신랑의 시반이 신부의 입에 표주박을 갖다 대 주면 신부는 마시는 흉내로 예를 표한다. 신랑이 신부에게 읍하고 나서 표주박을 들어 술을 마신다. 표주박으로 마시는 술은 부부의 화합을 의미한다. 반으로 쪼개진 표주박은 그 짝이 이 세상에 하나밖에 없으며 둘이 합쳐짐으로써 온전한 하나를 이룬다는 의미. 천생배필에 대한 예다.

집례가 근배례 의식을 마친 신랑 신부를 안내해 양가의 친척과 여러 하객에게 절을 올리도록 한다. 부모를 공경하고 남편과 아내의 도리를 다해 살겠다며 감사의 인사를 하는 것으로 혼례식은 마무리되었다. 두 사람의 행복을 비는 축하 공연 노래가 마지막 흥을 돋운다. 곁에 있어 준 따뜻한 마음에 감사하고 평생 사랑을 지켜갈 것을 다짐하는 아름다운 노랫말이다. 부부의 앞날에 축복이 있길 바라는 마음이 절절하게 전해진다.

내가 그대에게 부족한 걸 알지만/세월을 걷다 보면 지칠 때도 있지만/그대의 쉴 곳이 되리라/사랑해요 고마운 내 사랑/평생 그대만을 위해 부를 이 노래/사랑 노래 함께 불러요/둘이서 라라라

축하 노래가 끝나길 기다렸다는 듯이 참고 있던 하늘이 빗물을 토해낸다. 혼삿날 비가 오면 잘 산다는 덕담으로 서로를 위로한다. 신랑 신부가 행복하기를 바라는 진심 어린 마음이 묻어난다. 비를 맞으며 찍는 친구들과의 기념사진, 이 또한 먼 훗날 아름답게 기억될 것이다.

  인륜지 대사요 만복의 근원인 혼인. 단순한 남녀 간의 만남을 넘어서 사회공동체의 일원으로서 첫걸음을 내딛는 출발점이다. 둘이 하나가 된 날, 두 사람의 앞날에 축복이 가득하길 다시 한번 빈다. 전통 혼례의 절차 하나하나를 보면서 그 속에 담겨있는 소중한 의미를 생각한 시간이었다. 멋진 추억으로 남을 것이다.

2022. 5

떫음이 달콤을 만들다

해거름 녘 뒷산에 올랐다. 요즘, 저녁이면 야트막한 오름 턱에 앉아 어두워질 때까지 하늘을 보는 습관이 생겼다. 땅 위로 솟구친 소나무 뿌리 위에 앉는다. 감나무 가지에 걸린 노을이 비스듬히 길게 누웠다. 이곳엔 어림잡아 10여 그루의 감나무가 있다. 연초록 잎새들이 나무의 덩치를 키워가는 중이다.

감나무는 온대성 과수로 우리나라 중부 이남에서 재배된다. 잎은 넓고 어긋나며 톱니가 없다. 예로부터 감나무는 7덕5절(七德五節)*이라 하여 마음을 다스리는 수양의 대상이 되었다. 나는 마지막 절(節)에다 까치의 밥이 되어주는 사랑(博愛)을 덧붙이고 싶다. 감나무는 열매뿐 아니라 잎까지 쓰임새가 다양하다. 단단하고 아름다운 무늬의 목재는 고급가구의 재료가 된다. 감꼭지는 딸꾹질·구토·야뇨증에 달여 마시면 좋다. 감잎은 비타민 C가 풍부해 차로 애용되며 고혈압 치료에 효과가 있다.

어릴 때, 감나무에서 다친 적이 있다. 정확히 기억 하지 못하지

---

* 감나무는 7덕과 5절이 있다고 하는데, 7덕이라 함은 수명이 길고, 그늘이 짙으며, 새가 둥지를 틀지 않고, 벌레가 생기지 않으며, 가을 단풍이 아름답고, 열매가 맛이 있으며, 낙엽은 훌륭한 거름이 된다 함이요, 5절이라 함은 잎이 넓어 글씨 연습하기 좋아 문이 있고, 나무가 단단하여 화살촉 재료가 되기에 무가 있으며, 열매가 겉과 속이 똑같이 붉어 표리가 같으므로 충이 있고, 홍시는 노인들도 먹을 수 있으므로 효가 있으며, 서리 내리는 늦가을까지 열매가 가지에 달려 있으므로 절이 있다 함이다.

만, 나무에 올라간 것으로 보아 초등학교 고학년 무렵일듯하다. 매미를 잡으려고 올라갔다가 가지가 부러지는 바람에 떨어졌다. 한 달여간 깁스를 하고 지냈다. 감나무는 가지가 잘 부러진다. 감나무 가지가 어린아이 하나 감당하지 못할 만큼 약하다는 건 나중에 알았다. 어머니는 당장 감나무를 베어버리자고 했다. 사실, 과수원에 있는 사과나무나 배나무와 달리 감나무는 집마다 한두 그루는 있었다. 그렇다 보니 감은 먹거리가 변변치 않은 아이들 간식거리로 안성맞춤인 과일이었다. 그런데도 어머니가 굳이 자르자고 한 것은 아들이 다친 탓만이 아닌 듯했다. 뒤란과 조금 떨어진 산자락으로 또 한그루가 있기도 했거니와, 무엇보다 장독에 그늘을 만들고 잎이 떨어져 쌓이는 것이 못마땅해서다. 아버지는 달랐다. 고욤 일흔이 감 하나만 못하다며** 어머니의 말을 묵살했다. 그러나 며칠 뒤, 나무는 베어졌다. 불미스러운 일의 대가는 대부분 원인을 제공한 것으로 그 값을 치르게 된다. 뿌리까지 잘린 자리에는 김장독을 묻어두는 움막이 들어섰다.

  감 씨를 심으면 감나무가 아닌 고욤나무가 된다는 말이 있다. 감나무의 씨를 뿌려 묘목을 만들면 어미나무의 좋은 형질이 제대로 전달되지 않아 생긴 말이다. 아무리 좋은 품종으로 기른 묘목이라 해도 열매가 크게 퇴화하여 고욤처럼 작고 씨가 많은 돌감나무가 된다. 따라서 접목으로 번식시킨다. 이때 대목(臺木)으로 쓰이는 것이 공교롭게 고욤나무다. 고욤나무는 뿌리와 줄기가 튼튼하다. 고욤나무를 제자리에 심어놓고 활착되면 감나무 가지를 접목한다. 접을 붙이고 나면 접착 부위에 빗물이 스며들지 못하도록 짚으로 고깔을 만들어 씌운다. 감의 달콤함은 고욤의 떫

** 자질구레한 것이 아무리 많아도 큰 것 하나를 당하지 못함을 이르는 말

음에서 온다. 몸통이 잘리는 고욤나무의 고통이 있고 나서야 맛있는 감나무로 성장하는 것이다.

　최근, 입양아를 학대해 숨지게 한 사건들이 연이어 알려지면서 충격을 주고 있다. 입양은 부모가 될 사람에게 엄격한 기준이 충족되어야 이루어진다. 육아에 필요한 적정 수준의 재산과 직업, 일정 시간의 소양 교육까지 이수해야 하는 등 입양특례법이 정한 요건을 모두 갖추어야 한다. 이러한 까다로운 절차를 거쳐 입양이 이루어짐에도 입양아에 대한 학대는 끊이지 않고 있다. 입양은 결코 쉬운 일이 아니다. 순수한 마음에 입양하였다가 얼마 되지 않아 파양하는 건 그만큼 힘들다는 방증이다. 낳은 정 못지 않은 게 기른 정이라지만 사실 말처럼 간단한 문제가 아니다. 입양해보지 못한 내가 그들의 삶을 거론하는 게 외람된 것 같아 조심스럽기는 하다. 각자 사연 있는 보따리를 안고 살아가겠지만, 아이를 학대하는 데까지 이르면 문제는 달라진다. 가족은 함께 사는 것만으로도 될 수 있지만, 서로 이해하고 지지하며 감싸주는 꾸준한 노력과 사랑이 있을 때 진정한 가족이 된다.

　부모가 된다는 것은 무한한 책임을 동반한다. 입양하여 누군가의 부모가 된다는 것은 더욱더 그렇다. 부모는 누구라도 될 수 있지만, 부모다운 부모가 되는 것은 큰 노력과 자기희생이 따라야 한다. 어떠한 경우도 어른들의 잘못된 신념 때문에 아이들이 고통받아 서는 안된다. 아이들이 어른들의 세계를 이해할 필요는 없다. 아이들은 어른에게 이해받아야 할 대상이지, 자신의 감정과 생각을 억누르고 어른의 눈치를 살펴야 할 존재가 아니다. 아이들은 부모의 소유물이 아니다. 아이들이 자율적인 인격체임을 인정하는 것이 급선무다. 존중받은 아이가 타인을 존중할 줄 알며 책임 있는 생활을 할 것이다.

아동 인권은 기본적인 권리 중 하나이고 그 권리를 지켜주는 것은 어른들의 몫이다. 아이의 존재는 무엇보다도 소중하고, 아이는 사랑받아 마땅하다고 생각하는, 그저 아무 말 없이 아이를 안아주는 세상. 아이들을 향한 마음의 문을 활짝 열어놓는다면 그리 어렵지 않을 것이다. 한낱 나무도 제 살에 맞닿은 다른 가지를 열심히 키워 맛있는 과일나무로 만들어내거늘. 고욤에도 미치지 못하는 마음이 서글퍼진다.

훗날 마당 너른 집에 살게 되면 감나무를 한 그루 키우고 싶다. 감나무를 보면서 7덕6절을 음미만 해도 수양이 될 것 같다. 곶감 빼먹는 즐거움도 누리면서. 너른 잎에 안부 인사 곱게 써서 벗에게 보내는 것도 즐겁지 않을까. 감잎차를 만들어보기 위해 잎을 한 줌 땄다. 어린순을 따면 감이 열리지 않는다고 했는데…. 그래도 조금 땄다. 봄의 한복판에서 이 정도의 욕심은 부려도 되지 않을까.

2022. 5

가없는 사랑

 식물의 모성 본능은 특이하다. 경쟁적으로 자식을 멀리 보낸다. 식물은 고착생활을 하기에 씨앗이 부모 근처에 떨어지면 곤란하다. 싹을 틔우기가 어렵고 뿌리를 내리더라도 햇빛을 받는 데 문제가 생긴다. 단풍나무처럼 날개를 달아 바람에 실어 보내거나, 민들레처럼 가벼운 털을 달아주기도 한다. 도깨비바늘, 도꼬마리는 동물의 털에 잘 붙어가도록 고성능 찍찍이를 달아준다. 어떻게 보면 부모가 자기 살려고 자식들을 내치는 것 같지만, 자식들을 위해 최선의 서비스를 제공하는 것이다. 언제, 어디서 싹을 틔워야 하는지, 온도, 습도는 어느 정도가 적당한지, 부모의 역할을 유전자에 담아 더 멀리 가도록 한다.

 동물이라고 해서 크게 다르지 않다. 문어는 모성애가 강한 동물로 알려져 있다. 산란기가 되면 안전한 동굴에 보금자리를 마련한다. 한 번에 대략 20만 마리의 알을 낳아 주렁주렁 천장에 매단다. 산란을 마친 문어는 알의 부화에 전념한다. 이끼가 끼지 않도록 쉬지 않고 수관으로 물을 순환시킨다. 알을 좋아하는 놀래기, 돔 등 침입자들을 차단하며 식음을 전폐한 채 한시도 자리를 뜨지 않는다. 알이 부화하면 수관을 불어 새끼들을 바다로 내보내고 생을 마감한다.

10마리 이상의 새끼들을 모두 등에 업어서 키우는 주머니쥐, 6개월 동안 어미 배 속 주머니에서 키워지는 코알라, 입속에 새끼를 넣어 키우는 악어, 생물들은 신비스러울 만큼의 모성애를 가지고 있다.

며칠째, 딸이 집에 와서 지낸다. 딸은 제 아이에게 지극 정성이다. 잠시도 눈을 떼지 못하는 걸 보면 극성스럽다는 생각이 들 정도다. 시간 맞춰 새 밥을 짓고 고깃국을 끓여 먹이는 건 기본이다. 밥과 반찬을 떠먹여 주고, 끼니때마다 밥공기와 수저를 삶는다. 과일도 유기농 매장에서 산 것만 먹인다. 놀이터에 가면 손에 흙이라도 묻을까 긍긍한다. 제 자식 탈 없이 키워 내려는 모습이 대견하면서도 한편 야윈 얼굴을 보면 안쓰럽다.

-애 생각하는 것의 반의반만이라도 저를 키운 엄마 맘 알려나.

방을 닦던 아내의 넋두리다.

-허허, 평생 우리도 모른 엄마 맘을 딸이 알아주길 바라는 거야.

나는 어려서 유난히 허약했다. 늘 코를 흘리며 여름에도 감기를 달고 다녔다. 추위를 많이 타서 겨울에는 밖에 잘 나가지 못했다. 초등학교 다닐 무렵까지 오줌을 지렸다. 어머니는 약한 아들을 위해 지독하리만큼 애썼다. 메뚜기, 미꾸라지, 개구리 등 몸에 좋다는 것은 모두 먹였다. 먹지 않으려 발버둥 치는 아들과 먹이려는 어머니 사이에 매번 실랑이가 벌어졌다.

-다리 밑에서 주워다 키웅게 맞능개벼. 이렇게 야무딱지게 멕이능거 보믄.

그땐 왜 그리 야속했는지. 그중에서도 굼벵이를 먹는 게 가장 곤욕이었다. 굼벵이는 풍뎅이나 꽃무지 등 탈바꿈하는 곤충의 유충이다. 주로 초가지붕 밑, 썩은 나무, 풀더미 등에 서식한다. 퇴비 더미에도 있으나, 위생에 문제가 있어 주로 이엉 속에 사는 것을 먹는다. 가을 추수가 끝나고 초가지붕에 이엉을 엮어 얹을 무렵이면, 어머니는 걷어 내린 짚 더미에서 굼벵이를 잡았다. 굼벵이는 길이가 짧고 통통하다. 대부분 피부가 얇아 속이 훤히 비친다. 여간 징그러운 것이 아니다. 지금은 굼벵이의 효능이 많이 알려져 다양한 약재로 쓰이지만, 당시는 민간요법 수준이었다. 말린 밤과 함께 달인 물을 마시거나 기름에 볶아 먹었다. 굼벵이의 먹이는 낙엽이나 썩은 짚, 일종의 거름이다. 배를 째서 분변을 제거해도 달일 때 지독한 냄새가 난다. 그렇더라도 단백질 덩어리인 굼벵이는 허약한 아들을 위한 최고의 보양식이었다.

아이는 무력한 존재다. 혼자서는 할 수 있는 게 별로 없기에 부모의 도움이 필요하다. 아이를 사랑하고 보호하는 건 당연한 일이지만, 자신도 모르는 사이 아이에게 지나친 배려를 하고 있을 수 있다. 하나부터 열까지 다 챙겨주며 과잉보호하면 아이의 성장을 방해할 수 있다. 그런데, 모성과 과잉보호 사이에서 대부분 고민하게 된다. 어디까지가 관심과 사랑이고 어디서부터 과잉보호인지 판단하기 쉽지 않다. 똑같은 행동을 보고 누군가는 잘 보살핀다고 하고, 누군가는 과잉보호라고 지적한다. 아이를 키우는 데 정답이 있을까. 각각 처한 상황마다 아이를 대하는 방법은 다를 수밖에 없다. 다만, 어느 경우든 그 바탕은 사랑일 것이다. 아이가 잘 크길 바라는 모든 어머니의 지극한 마음은 같을 것이기에.

2023. 5

갈색거저리

'코로나 19'

신종 코로나바이러스에 의한 유행성 질환이다. 증상이 거의 없는 초기에 전염성이 강한 특징을 보이며, 호흡기를 통해 감염된다. 감염 후에는 인후통, 고열, 기침, 호흡곤란 등의 증상을 거쳐 폐렴으로 발전한다. 지금까지 알려진 코로나바이러스는 총 6종이다. 감기 증상을 보이는 4종의 코로나바이러스 외에 '사스'와 '메르스'도 코로나바이러스 범주에 속한다. 코로나 19로 인해 전 세계가 힘든 시간을 보내고 있다. 2020년 3월 세계보건기구는 결국 팬데믹*을 선언했다.

코로나 19가 두려운 이유는 우리 몸에 아직 이 바이러스에 대한 항체가 없기 때문이다. 일부 나라가 개발한 백신을 공식 승인했다고 발표했으나, 임상시험 단계의 누락으로 부작용 발생의 우려가 제기되었다. 항체를 만들기 위한 백신은 물론이고 치료제 개발이 늦어지면서 공포가 더 크게 다가온다. 우리 몸은 외부로부터 바이러스나 세균이 침입하면 면역체계를 발동해 몸을 보

---

* 세계보건기구(WHO)의 전염병 경보 단계 중 최고 위험 등급인 6단계를 일컫는 말. '감염병 세계 유행'이라고도 한다. 두 개 이상의 대륙에서 전염병이 발생하여 세계적으로 유행하고 있는 상태를 뜻한다

호한다. 우리 몸이 바이러스를 이겨내고 나면 그 바이러스에 대한 항체가 생긴다. 면역체계의 중심에 항체가 있게 되는 것이다. 바이러스를 이겨내기 위해 면역력을 높이는 여러 가지 방법들이 관심을 끌고 있다.

음식물 섭취에 의한 면역력 증강에는 여러 가지 영양소들이 단독 혹은 복합적으로 작용한다. 세균과 바이러스에 대항하는 백혈구나 항체는 기본적으로 단백질로 이루어져 있다. 항체를 만드는 원료인 만큼 단백질과 아미노산의 섭취는 우리 몸의 면역체계에 중요한 일이다. 단백질이 부족하면 바이러스에 대응하는 맞춤형 항체를 생산해 내는 것이 어렵게 된다. 면역력을 증진하기 위한 단백질의 수요는 갈수록 증가할 것으로 보인다. 지금껏 인류에게 고급 단백질을 공급하는 큰 축은 축산업이었다. 소나 양과 같은 반추동물이 주된 동물성 단백질 공급원이었다. 이들 되새김동물은 인간의 식량과 경합 관계에 있지 않은 탓에 많이 길러진 것이다. 그 후 손쉽게 단백질을 얻을 수 있는 돼지나 닭의 비중이 점차 높아지면서 사정이 달라졌다. 필연적으로 이들의 곡류 소비가 늘어나면서 식량 부족 현상이 사회적 문제로 발생한 것이다. 단백질 섭취 욕구를 충족시키기 위한 대안 마련이 시급해졌다.

인류의 공존·공영을 위해 대체단백질은 어디서 찾아야 하는가. 어린 시절, 메뚜기를 잡던 추억이 떠오른다. 벼가 익어 갈 무렵 논두렁에는 메뚜기가 참 많았다. 매일 같이 메뚜기를 잡는 것이 놀이가 될 정도였다. 별다른 먹거리가 없던 그때 메뚜기 튀김은 맛있는 간식으로 인기가 좋았다. 요즘은 농약 과다 사용 탓으로 메뚜기 보기가 쉽지 않다. 고작 아이들 체험 학습이나, 지자체에서 깨끗한 무농약 쌀 홍보를 위해 메뚜기 잡기 행사를 하는 정도다. 최근 주목받는 미래 식품 중 하나가 메뚜기 같은 곤충류이다. 곤충의 유충이나 번데기가 그 대안으로 떠오르고 있다. 곤충은 동물 가축과 달리 토지 이용률이 높고 온실가스 배출량도 적다. 그리고 크기에 비해 단백질 함량이 높으며 인간의 식량과 경합 되는 일도 없다.

곤충 단백질은 다른 단백질류에 비해 필수아미노산과 불포화지방산이 풍부하다. 섭취가 간단하고 소화가 잘된다는 장점도 갖고 있어서 육류를 먹지 않는 사람이나 소화가 불편한 사람도 식용할 수 있다. 번식력도 일반 가축과 비교하면 월등히 높아 짧은 기간에 많은 양의 식용곤충 확보가 가능하다. 실제로 20㎡ 정도의 면적에서 곤충을 사육하면 소 한 마리 수준의 단백질을 얻을 수 있다고 한다. 현재 세계적으로 딱정벌레를 비롯하여 1,900여 종의 곤충이 식용으로 사용되는 것으로 알려졌다. 식품의약품안전처가 식용으로 승인한 곤충**에는 식용누에, 벼메뚜기, 갈색거저리 등이 있다. 모두가 고소하고 단백질이 풍부하다는 특징이 있다.

갈색거저리는 절지동물문 곤충강 딱정벌레목 거저리과의 동물이다. 유충은 몸길이 28~35mm, 몸 너비 3~4mm, 무게 0.2g의 작은 곤충이다. 실내에서 사육하고 먹이는 주로 밀기울이며, 수분 공급을 위하여 채소나 과일을 먹이기도 한다. 새나 파충류, 햄스터 등 반려동물의 먹이로 사용됐다. 밀웜은 부화한 후 성체가 되기 전 단계의 갈색거저리 유충을 말한다. 밀웜(Mealworm)은 '먹이로 쓰이는 벌레'를 의미한다. 밀웜은 단백질이 풍부해 식용

** 2020년 8월 기준 식품의약품안전처가 식용으로 승인한 식용곤충은 메뚜기, 누에(유충·번데기), 백강잠(흰가루병으로 죽은 누에), 갈색거저리 유충, 흰점박이꽃무지 유충(굼벵이), 장수풍뎅이 유충, 쌍별귀뚜라미, 아메리카 왕거저리, 수벌(번데기) 등 9종이다.

으로 사용한다. 식품으로 판매되는 밀웜은 먹으면 고소한 맛을 낸다고 해서 '고소애'라는 애칭으로 더 많이 불린다. 식용곤충 고소애는 몸의 영양 상태 개선과 면역력 향상에 효과가 있는 것으로 알려졌다. 고소애의 영양성분은 단백질 53%, 지방 31%, 탄수화물 9%, 기타 7%로 구성돼 있다. 특히 단백질은 일반 육류나 생선과 비교하여 두 배 이상 높고, 총 지방산 중 몸에 좋은 불포화지방산이 75% 정도로 많다. 칼슘과 인, 마그네슘 등의 무기질도 풍부하게 함유하고 있다. 아내도 요리 맛이 나지 않을 때 고소애 분말을 한 숟가락 살짝 넣는다고 한다. 찌개류에 넣으면 음식의 감칠맛이 훨씬 높아지는 것을 확인할 수 있다.

최근 들어 식용곤충 전문 식당(Bugs Food)이 늘어나고 있다. 누에 번데기는 이미 많은 사람이 즐겨 찾는 길거리 음식으로 자리 잡았다. 세계인이 제일 많이 즐겨 먹는다는 귀뚜라미와 굼벵이, 바퀴벌레, 전갈. 현존하는 단백질원 중 영양학적으로 가장 우수하다는 평가를 받는 곤충. 코로나 19시대에 면역력을 키워 주는 질 좋은 요리로 우리 식탁에 올라올 수 있을는지.

2020. 8

No-Show

　날씨가 따뜻해지면 자연스레 발길은 산으로 옮겨진다. 개나리 길을 따라 수암봉*으로 향한다. 걸어서 나설 수 있는 꽃길이 가까이에 있다는 것은 축복이다. 오랜만에 먼지 없는 맑은 하늘이다. 입구부터 봄을 즐기려는 사람들로 붐빈다. 주차장 한쪽이 갑자기 웅성거리며 시끄럽다. 주차 문제로 시비가 일어났다. 주차하려는 사람과 차를 막아선 관리원 사이에 실랑이가 벌어진 것이다. 봄맞이 행사 관계로 차량이 일부 통제되면서 생긴 일이다. 고급 승용차에서 내린 사람이 기필코 행사장에 주차하겠다고 우긴다. 자신의 신분을 과시하며 나이 지긋한 관리원을 아이 나무라듯 한다. 사내의 음성이 점점 높아진다.

　갑질 논란이 뜨겁다. 항공사의 땅콩 회항, 백화점의 직원에게 폭언한 모녀사건, 대학교수의 제자 성추행혐의 등 갑의 횡포가 끊이지 않고 있다. '갑질'이란, 갑을 관계에서의 '갑'에 어떤 행동을 뜻하는 접미사 '질'을 붙여 만든 말이다. 권리관계에서 상대적으로 우위에 있는 갑이 약자인 을에게 하는 무례한 행동이나 부

---

* 경기도 안산시 상록구 수암동과 안양시 만안구 안양동에 걸쳐 있는 산. 본래의 산 명은 독수리와 같다고 하여 독수리봉[鷲岩]이라 불렀는데, 조선 말엽에 이르러 산봉이 수려하여 수암봉(秀岩峯)이라 칭하였다.

당 행위를 통칭하는 개념이다. 정신적, 육체적 폭력은 물론 언어폭력과 괴롭히는 환경을 조장하는 등 다양한 방법의 부당 행위가 이루어진다. 갑질은 권력으로 인한 뇌의 동조화 현상의 저하가 주요 원인으로 알려졌다. 자신보다 지위가 낮고 약한 사람들의 정서에 대한 공감 능력이 떨어지는 것이 이유다. 갑질을 일삼는 사람들은 도파민 수치가 증가하며 권력 중독에 빠지기 쉬운 상태가 된다고 한다. 다른 사람의 신체와 정신을 자신의 의지대로 조정하면서, 권력의 쾌감을 느끼게 되는 것이다.

갑질은 시대적 배경을 가리지 않고 나타난다. 전통적인 지배층 내부에서도 갑을 관계는 형성되었다. 대표적인 것이 고려 시대 문·무반의 갑을 관계이다. 당시 무인들은 문반 출신 관리들에게 온갖 멸시와 수모를 당했다. 무신정변(1170년)은 무관들이 쿠데타를 일으켜 왕을 폐위시키고 권력을 장악한 사건이다. 무신의 차별대우와 문신들이 저지른 갑질의 영향이 정변으로까지 이어진 것이다. 우리 역사에 기록된 대형 갑질 당사자들은 대부분 혹독한 대가를 치렀다. 과거 신분 사회에서 양반과 평민 사이에서 벌어지는 갑질부터 일제강점기에 일본인과 친일 부역자들의 갑질, 해방 이후에는 군사정권에 갑질을 당했다. 그런데도 아무런 교훈을 받지 못한 듯 갑질 악습은 현대에까지 이어져 사회를 멍들게 하고 있다.

얼마 전 가족이 외식하기로 한 적이 있다. 결혼을 앞둔 큰딸을 위해 모두 모여 저녁을 먹기로 한 것이다. 이틀 전에 예약하고 메뉴를 주문해 놓았다. 그런데 당일 회사에 급한 일이 생겼다. 약속을 지킬 수 없는 상황이 된 것이다. 나머지 가족이라도 가서 저녁을 먹으라 했지만, 아빠가 참석할 수 없는 외식은 흐지부지 없던 일이 되고 말았다. 급한 일을 마무리하고 늦은 퇴근을 하면서 부재중 전화가 온 걸 알았다. 음식을 준비하고 기다리던 식당에서 여러 번 전화했지만 받지 못했다. 정신없는 와중에 식당 예약을 취소하지 않은 것이다. 전화를 걸어 사정을 이야기하고 양해를 구했지만 이미 엎질러진 물이다. 식당 대부분은 표의 개념이 없어 예약할 때 돈을 받지 않는다. 만들어 놓은 음식과 다른 손님을 받지 못한 손실은 고스란히 식당의 몫이 된다. 약속을 못 지킨 미안한 마음에 아직 그곳을 다시 가지 못했다. 이른바 No-Show라 불리는 예약 부도는 흔한 갑질의 일종이다. 손님이 왕이라고 하면서도 손님의 권리를 무시하는 을의 문제가 있을 수 있지만, 대부분은 고객이 갑이고 식당은 을이다. 입소문이 두려운 식당이 통보 없이 나타나지 않는 예약자에게도 아무런 대처를 하지 못하는 이유다. 최근 극장가의 No-Show가 사회적 관심을 가진 적이 있다. 상영 시간 20분 전에만 예매를 취소하면 전액 환급되는 규정을 악용하는 것이 문제다. 자신의 자리 양옆을 예매한 후 상영 직전 취소하여 그 공간을 본인이 사용하는 얌체족들이 늘어난 것이다. 약속을 지키지 않아 타인의 시간과 기회비용을 써버리는 일은 없어야 한다.

갑질은 사회 구조적인 문제이다, 인성을 무시하는 성적 우선주의와 물질 만능주의가 만들어 낸 병폐다. 자기만을 생각하는 이기심이 그 바탕이다. 상대가 약자라 생각하고 배려 없이 일방적일 수 있는 것이다. 일부는 존비(尊卑)로 대변되는 한국 사회의 문화 정서적 경향이 갑질의 원인이라고 주장하기도 한다. 한국

사회의 기저에 갑의 강압적인 역할과 을의 저자세가 깔렸기 때문에 개개인은 그런 문화를 답습한다는 것이다. 과거 갑질에 대한 정서적 기억을 안고 스스로 갑질에 적응되어 간다. 시집살이 당한 시어머니가 시집살이를 더 시킨다고 한다. 못 된 상관 밑에서 지낸 사람이 더 못된 짓을 하는 때도 있다. 이는 어떤 관계에서 을이었던 개인이 또 다른 관계에서 갑이 됐을 때 같은 행동을 하는 이유다. 인간 존엄성과 행복추구권, 기본적 인권 보장과 국민 평등을 규정하는 법규가 있는데도 막상 현실은 갑질투성이다. 지금도 기득권 세력의 권력과 돈에 갑질을 당하고 있다. 소득 불평등과 고용 불안정이 심해진 탓에 사회 곳곳에서 악성 갑을 관계가 형성되고 있다. 국민의 편리와 권익을 무시한 탁상행정, 기업의 소비자에 대한 갑질을 묵인하는 정부의 또 다른 갑질도 여전하다. 성 상납, 선거 조작 사건, 국정농단 등 갑질의 연속이다. 갑질 고리를 끊으려면 가해자 응징과 별도로 약자를 배려하는 다양한 노력을 병행해야 한다.

우리는 을이면서 갑이다. 살아가면서 자신도 모르게 갑질을 할 수도 있다. 대부분 갑질의 공통점은 양심의 결여다. 갑질이라는 단어 하나에 병들어 가는 우리의 자화상이 들어있다. 갑질 없는 세상은 양심이 바로 서고 나서야 가능한 일인지도 모른다. 사회의 가장 작은 단위인 가족에서부터 이러한 인식을 키워나가는 분위기가 필요하다. 사회적 지위나 직책이 다름의 일부이며, 이 다름을 받아들이는 노력을 해야 한다. 서로 같음과 다름이 있다는 걸 알아야 한다. 상대의 처지를 이해하고 있는 그대로 인정해 주는 것이다.

세상을 홀로 살 수는 없다. 많은 사람과 다양한 형태의 모습으로 어우르며 살아가야 한다. 모든 면에서 부족한 것이 많지만, 조금 더 성숙한 봄을 맞이하고 싶다. 다른 사람을 더 많이 이해하고 배려하는 삶 되었으면 한다. 한결 가벼워진 마음으로 꽃내음을 맡는다. 전화기를 꺼내 식당 번호를 찾는다.

2019. 4

빈 의자

 슬픈 졸업식이었다. 세월호*참사로 희생된 250명의 학생에 대한 명예 졸업식. 주인 없는 빈 의자에는 이름표와 꽃다발이 덩그러니 놓였다. 아들의 교복을 입고 참석한 어머니, 금세 눈시울이 붉어진다. 들고 있는 국화가 떨린다. 설움에 젖은 의자, 그 속에서 떠난 자의 모습을 본다.
 그해 봄의 한복판, 맹골수로의 거센 물결을 이겨내지 못한 여객선이 어린 학생들과 함께 물에 잠겼다. 눈물로 바다를 메우고 나서 다섯 해가 흘렀다. 얼마나 더 많은 세월을 아파해야 하는지 알 수 없다. 그날의 아픔을 규명할 진실은 바다 깊이 잠들어 있다. 아직도 달라지지 않은 사회의 둔감과 망각이 진실을 깨우지 못하고 있다. 진실은 거짓보다 뒤에 오기도 하지만 반드시 찾아온다.
 '지켜주지 못해 미안하다'는 말이 부끄럽다. 빈 의자가 어찌 이것뿐이랴. 학교는 집단따돌림과 성폭력 등 여전히 안전한 장소가 아니다. 무관심에 방치된 아이들과 성숙하지 못한 안전의식은 많

---

* 2014년 4월 16일 제주도를 향하던 여객선이 전남 진도군 병풍도 인근 해상에서 침몰했다. 이 사고로 304명의 사망 실종자가 발생했다. 세월호 사건은 고질적인 병폐들의 복합적인 작용에 의한 인재였다. 무능한 정부의 늑장 대응, 공직자들의 무사안일주의, 사회의 안전불감증, 기업가의 탐욕이 빚어낸 대참사였다.

은 시간이 흘렀어도 변하지 않고 빈 의자를 만들어 내고 있다. 못난 어른들의 부질없는 욕심으로 아이들이 돌아오지 못하고 있다. 제대로 피어보지도 못한 어린 꽃들을 꺾어 버린 어른들이 거짓된 삶을 살아온 탓이다. 너무도 허무하게 아이들을 보낸 어른들이 이제는 얼굴 붉어질 줄 알아야 한다. 다섯 해 전의 못난 모습으로 돌아갈 수는 없다. 그것이 차가운 바다에 서러운 눈물 흘린 기억을 지니고 살아가야 하는 우리 아이들에 대한 최소한의 예의다. '잊지 않겠습니다'란 말이 단지 표어로 남아 있지 않았으면 한다.

빈 의자는 애처롭다. 홀로 남아 있기에 그러하다. 남겨졌기에, 남아 있는 자의 아픔을 알고 있기 때문이다. 의자는 기억하고 있을 것이다. 자신의 등에 기댔던 아이들의 숨결과 자신을 보듬어 안고 울었던 뜨거운 눈물을. 대답할 리 없는 아들의 이름이 호명된다.

"아이 이름이 불릴 때 엄마가 없으면 외로울까 봐 이곳을 찾았습니다." 아들의 빈자리를 어루만지는 어머니는 참았던 눈물을 쏟아낸다.

2019. 2

양손에 행복

 해 질 녘, 시민 시장을 찾았다. 닷새장이 열리는 날이다. 특별히 필요한 것이 없어도 아내와 같이 가끔 시장에 나온다. 열심히 살아가는 사람들의 숨결을 느낄 수 있어서다. 북적거리는 사람에 치이면서 구경하는 재미가 쏠쏠하다.

 도라지를 까서 바구니에 담아 놓은 할머니가 지나가는 사람들을 부른다. 그 옆으로 부엌칼을 갈아주는 집이 보인다. 칼을 갈아 종이를 베어 보이는 손길이 능숙하다. 각종 씨앗을 올려놓은 좌판 주변으로 사람들이 많이 모였다. 이른 여름 파종할 열무와 얼갈이 씨앗을 샀다. 몇 걸음 위로 맛깔스러운 김치 및 젓갈류가 평상 가득 놓여 있다. 주인 얼굴이 낯선 걸 보면 시장에 터를 잡은 지 얼마 되지 않았나 보다.

 선짓국이 끓고 있는 가마솥에서 김이 모락모락 올라온다. 솥 주위로 사람들이 나란히 모여 앉았다. 모두가 주어진 하루를 소중하게 보낸 사람들이다. 온종일 짊어지고 다닌 삶의 무게를 덜어내고 쉼이 끼어들 틈을 주는 시간이다. 힘들고 지친 자신을 돌아보며 한숨처럼 토해내는 음성들이 엉킨다.

안산 시민 시장은 닷새장이 열리는 상설형 장터다. 안산의 대표적인 재래물품 시장이다. 90년대 라성호텔 주변의 노점상과 영세사업자를 위해 건립된 종합시장이 오랜 세월 자리를 지키며 지금의 시민 시장으로 발전해 왔다. 도심에 안정된 민속 오일장으로, 옛 전통 시장의 멋과 향수를 이어가고 있다. 서민들의 향수와 애환이 깃든 공간이다.

세상을 홀로 살 수는 없다. 우리는 많은 사람과 다양한 형태의 모습으로 행복을 찾아 나선다. 매일매일 반복되는 생활. 특별하게 얻은 것 없어 보이는 평범한 일상들이 모여서 행복을 만든다. 행복해지기는 욕심을 줄이는 것에서부터 시작한다. 살면서 원하는 걸 모두 얻을 수는 없다. 욕심을 줄일 수밖에. 마음 비우며 살겠다고 늘 다짐하지만, 욕심이 앞서는 건 어쩔 수 없나 보다. 만족할 줄 아는 겸손한 삶을 다짐한다.

사람 냄새 물씬 맡은 하루가 저문다. 양손 가득 행복을 담아 가는 중이다. 두 줌이나 더 얹어준 할머니의 도라지를 담은 봉투가 묵직하게 느껴진다. 남편이 사 준 여름 모자를 좋아라 이리저리 써 보는 아내가 두 발 앞서 걷는다.

2017. 2

예의 바른 무관심

악! 칼에 찔렸어요. 도와주세요!

주택가에서 여인이 잔혹하게 살해당했다. 하지만, 간절한 외침을 들은 많은 목격자 중 그녀를 도와 주거나 신고한 사람은 없었다. 어느 고시원에서는 옆방에 살던 이웃을 50분간 폭행해 숨지게 한 일도 있다. 누구도 제지하지 않고 모른 척했다. 내가 아니어도 누군가 나설 거라는 생각에 서로 미루는, '책임감의 분산'으로 설명되는 사건들이다.

엘리베이터 공사로 한 달 남짓 걸어서 계단을 오르내린다. 층마다 빈집을 지키는 번호 키 도어락만이 덩그러니 달린 대문들. 황사 먼지가 묻어 있는 유리창에 금연이라는 글자가 선명하게 붙어있다. 계단 오르는 것이 불편한 주민을 위해 통로에 놓은 간이 의자가 낯설다. 그러고 보니 12층의 24가구 중 아는 집이 하나도 없다. 평소 몇 호에 누가 사는지 크게 관심 두지 않아서다.

바야흐로, 우리는 무관심 속에 살고 있다. '나만 아니면 돼'라는 복불복 사고가 만연한 사회에 적응해 왔다. 자신도 모르는 사이

상대를 무관심으로 대하는 것이다. 현대사회는 예전과는 비교할 수 없을 만큼 많은 사람을 만나며 공간과 정보를 공유한다. 그러면서도 서로에 대한 무관심에 기반해 사적 영역을 침해하지 않는다. 상호적 개인화가 만든 예의 바른 무관심에 익숙한 탓이다. 간혹 지나친 관심이 부담되는 때가 있다. 사실, 누군가의 이웃이 되기는 쉬운 일이 아니다. 불편하고 어렵다.

책임감의 분산이 많은 사람 사이에서 자연스럽게 일어나는 사회현상이라지만, 경계할 그 무엇이 있음은 확실하다. 아무것도 하지 않는 방관자가 됨으로써 나쁜 사람이 될 수도 있다. 내가 그 자리에 있었으면 어찌했을까. 다급한 여인의 비명에 적극적으로 나서서 도움을 주고 신고했을까. 솔직히 내가 무엇을 할 수 있을지 모르겠다. 다만, 이것만은 분명하다. 이웃의 아픔에 관심 두는 것과 관심 두지 않는 것, 이 기본적인 차이는 한 개인이 삶을 바라보는 관점을 달리 할 수 있다는 것. 서로를 생각하는 마음들이 유의미하게 연결될 때 모두가 공감하는 건강한 사회가 된다는 것. 일상에서 마주치는 이웃에 대한 예의 바른 관심이 필요한 때다.

2023. 4

이르가체페

 물의 도시 춘천은 안개가 많다. 물안개에 묻혀 제 모습을 드러내지 않던 공지천*이 오늘은 눈앞으로 바싹 다가온다. 햇살이 유난히 맑은 봄날. 개나리 가지에 초록 이파리가 나란히 매달리어 있다. 수면에 반사된 빛이 눈이 부시도록 반짝인다. 언제 날아왔는지 비둘기 대여섯 마리가 에티오피아 한국전 참전기념관 주변을 오가며 먹이를 찾는다.
 에티오피아는 아프리카에서 전투병으로 한국전쟁에 참여한 나라다. 에티오피아 전통 가옥 양식인 돔 형태로 지어진 기념관의 모습이 독특하다. 에티오피아 커피를 맛볼 수 있는 <이디오피아 벳>이다. '이르가체페'. 세련된 맛을 가졌다 하여 '시다모'와 더불어 커피의 귀부인으로 불린다. 따스한 커피 향이 입안에 그득 고인다. 평소 커피를 즐겨 마시는 편은 아니지만 독특한 향을 좋아한다. 우리나라 커피문화는 해방과 동시에 미군이 주둔하면서 발전했다. 커피믹스가 개발되고, 자판기가 등장하면서 커피는 우리 삶 속으로 깊게 자리 잡았다.

---

* 강원도 춘천시 근화동에 있는 유원지다. 공원으로 이루어져 있으며 분수대와 야외공연장이 있어 상시 공연이 이루어진다.

커피의 나라 에티오피아. 지구에서 두 번째로 큰 대륙 아프리카의 끝자락에 위치한다. 산과 고원지대, 깊은 계곡이 많아 아름다운 자연을 간직하고 있다. 에티오피아는 아라비카 원두의 원산지로, 많은 양의 커피를 생산한다. 커피의 명성답게 국민의 25% 이상이 커피 산업에 종사한다. 커피의 원산지 중 고유의 커피문화를 가지고 있는 유일한 나라가 에티오피아다. 에티오피아의 커피에 대한 사랑과 자부심은 그들의 삶에 고스란히 스며 들어 있다. 반면, 커피를 생산하는 나라 대부분은 경제 상황이 좋지 않다. 커피 수출국 상위 그룹에 속하는 에티오피아 역시 최빈국이다. 가난의 이유가 가뭄과 거듭되는 내전 등 내적 불안 요소 탓이 크겠지만 세계 시장 질서의 왜곡이 한몫한 것으로도 보인다. 폭발적으로 성장해 가는 커피 시장에서 막대한 이윤을 창출하는 거대 기업과 달리, 커피를 가꾼 땀방울에 대한 보상이 제대로 되고 있는지 의문이다. 강한 자가 더 강해져서 약자를 짓밟는 세계 경제 전쟁 속에서 다국적 기업의 돈벌이에 이용당하는 건 아닌가 하는 생각을 한다.

가끔 들르는 커피전문점에서 원두를 내리고 남은 찌꺼기를 얻어 왔다. 탈취 효과가 있는 찌꺼기는 신발장에 넣기도 하고 방향제로 차 뒤쪽에 올려놓는다. 그러나 대부분은 화분에 거름으로 사용한다. 활성탄과 유사한 미세한 구멍이 있어 통기성을 높이고 미생물이 잘 자랄 수 있는 환경을 만든다. 찌꺼기 성분은 무기물 등 다양한 영양분을 함유하고 있어 화초에 좋은 밑거름이 된다. 분갈이하면서 생각한다. 제 향을 발산시키고 나서 다른 식물의 향을 위해 기꺼이 흙으로 돌아가는 커피. 전쟁으로 어려움을 겪고 있는 나라를 위해 먼 길을 달려왔던 에티오피아 '강뉴'**부대원을 떠올린다. 누군가에게 빛이 되고 도움이 되는 삶을 생각한다. 이번 커피는 어떤 향으로 다시 피어날는지.

2021. 5

** 한국전쟁에 참여한 에티오피아 부대. 하일레 셀라시에 황제는 군의 정예부대라 할 수 있는 황실 근위대에서 지원자를 뽑았고 직접 그 부대의 이름을 강뉴(Kangnew)라 지었다. 강뉴라는 이름은 이탈리아와의 1차 전쟁에서 승리를 이끌었던 자신의 아버지 라스 마코넨(Ras Makonnen)장군의 군마 이름에서 따왔다. 강뉴처럼 용맹하게 싸워 평화를 지키고 꼭 살아서 고국으로 돌아오라는 뜻을 담은 것이다.

코로나19와 문학적인 삶

 위기의 시대다. 모든 일상이 마스크 속으로 들어왔다. 불과 몇 달 사이 우리는 이전에 경험한 바 없는 새로운 삶을 살고 있다. 스스로 살아 보고 싶은 세상이 아니라 와서는 안 되는 세상을 맞이했다. 코로나 세상을 종식하기 위해 이동의 자제와 사회적 거리 두기가 필수적인 지침이 되었다. 인간의 특성상 이동과 교류는 본능에 가까운 행동이다. 제한을 장기간 지속할 때 스트레스가 커지리라 생각된다. 빠른 정상화를 위해 당분간 각자의 작은 세상 속에서 살아가야 할 것이다. 매일의 평범함이 일상이 되는 삶을 되찾기 위하여 노력해야 한다.
 역병은 역사적으로 큰 위기다. 인류 최초의 전염병으로 알려져 있던 천연두도 전염병의 제왕답게 대유행을 되풀이하며 많은 희생자를 냈다. 그러나 끊임없는 연구와 노력으로 세계보건기구(WHO)는 1980년에 천연두 멸종을 발표하였다. 우리나라도 예방접종하지 않고도 1990년대 이후 천연두에서 완전히 벗어났다. 앞으로 어찌 될지 아직 아무도 모른다. 분명한 건 우리가 '코로나19'

도 이겨 낼 수 있다는 것이다. 불안한 시기에 오히려 코로나에 순응해 가는 능동적인 삶은 어떨까. 지금의 위기를 벗어나기 위한 출발점이 될 수 있다.

인류 번영을 위한 명목하에 자행된 자연 파괴로 야기되는 신종바이러스의 출현은 이미 잘 알려진 일이다. 바이러스가 인간을 습격한 것이 아니라 인간이 자연의 영역을 침범하고 바이러스를 불러들인 결과다. 코로나에 관해 관심을 두고 의문과 답을 구해 보는 것은 개인이 할 수 있는 사회의 문학적 이해와 탐구의 기회가 될 수 있다. 문학적으로 사회를 이해한다는 것은 사람이 살아가기 위해 제도화시킨 질서를 삶 속에서 재성찰한다는 의미다. 왜 이런 일이 생겼는지부터 생각해 보고, 위기에 직면한 사람들이 어떻게 생각하고 대응하는지 비교해 보는 것은 흥미를 줄 것이다. 개인 혹은 국가가 코로나에 대처하는 다양한 방식들을 관찰하는 것도 좋을 것이다. 사실 이러한 탐구적인 삶은 전문적인 지식이 필요하거나 어려운 일이 아니다. 언론에서 보도되는 자료들을 모아 통합해 보고 결과를 유추하는 것만으로도 충분하다.

우리는 자연의 힘으로 생명을 유지해 간다. 인류의 지속적인 생존을 위해서 최소한의 자연 사용이 필요하다. 세계적인 코로나 사태를 계기로 절제된 삶을 기대해 본다.

2020. 9

PART IV

길에서 길을 묻다

비렁길을 걸으며

"태산은 한 줌의 흙도 사양하지 않고(泰山不辭土壤), 강과 바다는 작은 물줄기도 가리지 않는다(河海不擇細流)". 사마천(史馬遷)의 사기(史記) 이사열전(李斯列傳)에 나오는 말이다. 비록 사소하고 하찮은 것이라도 포용하고 수용할 줄 알아야 한다는 뜻이다. 일상을 낮은 자세로 대하려 다짐해 보지만 쉽지 않다. 여전히 욕심부리며 많이 움켜쥐기 위해 바동거린다. 주말이면 자주 산을 찾는다. 산에 오르면 번잡스럽던 마음이 조금은 차분해진다. 산행을 위해 가끔 섬 나들이도 간다. 섬은 독특한 매력이 있다. 섬으로 들어갈 때의 설렘과 뭍에서 기다리고 있을 일상의 긴장감이다. 그 초조함과 조바심에 내가 살아 있음을 느낀다. 섬에서 느끼는 잠시의 고요함이 아니라 뭍으로 오기 위한 몇 시간의 떨림이 더 가슴에 와닿는지도 모른다.

남해안 끝자락의 작은 섬 금오도. 눈이 시리도록 푸른 바다를 배경으로 떠 있는 아름다운 섬이다. 금오도는 여수만 남서쪽에 있다. 주위에 있는 돌산도·소리도 등과 함께 금오열도를 이룬다.

섬의 모양이 자라를 닮았다 하여 금오도(金鰲島)라 한다. 최고봉은 서쪽에 솟아 있는 대부산(382m)이며, 동쪽의 옥녀봉(261m)을 비롯한 200m 내외의 산들이 연봉을 이룬다. 섬 대부분이 암석해안이다. 해안은 물에서 기어 나온 크고 작은 기암괴석이 높은 절벽을 이루었다. 나무와 바위와 물이 서로의 자리를 지키며 신비로움을 만들어 놓았다. 비가 온 다음 날이라 그런지 연둣빛 이파리가 유난히 맑고 깨끗하다. 바위 절벽에 비스듬히 서 있는 소나무가 바람에 일렁인다.

금오도에서 가장 아름답고 유명한 곳은 단연 '비렁길'이다. '비렁'은 '벼랑'의 여수 지역 사투리에서 유래한 말로 '해안 절벽을 따라 걷는 길'을 뜻한다. 남해안에서 찾아보기 힘든 해안단구의 벼랑을 따라 조성되었다. 다섯 개 코스에 18.5km의 짧지 않은 길이다. 최대한 자연을 훼손하지 않고 있는 그대로의 모습을 담아내고 있다. 마을을 오가거나 땔감을 줍고 낚시하러 다니던 옛길이 관광 명소로 재탄생한 것이다. 빼곡한 동백나무숲을 오르다 보니 절로 상쾌한 기분이 든다. 동백꽃은 세 번 핀다는 말이 있다. 나무에서 한 번 피고, 땅에 떨어져서 한 번 피고, 마지막으로 연인의 가슴속에서 또 한 번 핀다고 한다. 걸음을 옮길 때마다 시시각각 변하는 바다의 풍경과 활짝 핀 동백이 조화를 이룬다. 해송 사이로 옥색의 잔잔한 바다가 끝없이 펼쳐진다. 푸르고 웅장한 산세, 향기로운 바람까지 다도해의 아름다운 풍경이 한눈에 들어온다.

파도가 절벽을 때리는 동안 하염없이 바다를 내려다본다. 금오도를 한 번도 오지 않은 사람은 있어도 한 번만 온 사람은 없다고 한다. 가파른 절벽으로 갑판 길이 조성되었다. 오르는 발길의 수고로움을 덜어주기 위해 만들어 놓은 계단이다. 지금껏 산을 다니면서 인위적으로 만들어 놓은 많은 계단을 오르내렸다. 그때마다 이 아름다운 능선에 계단을 꼭 설치해야 할까 하는 아쉬운 생각을 하곤 했다. 그 무게에 짓눌린 산자락이 거친 신음을 내는 것 같아서다. 언젠가 망가진 산줄기를 보면서 무거운 계단을 설치한 오늘을 후회하게 될지도 모른다고 생각했다. 숲이 만들어 주고, 나무가 이끌어 주는 느린 걸음을 생각해 본다. 흙을 밟고 바위를 돌아 천천히 오르는 길을 택할 수는 없는 것일까. 하지만 오늘은 달랐다. 힘겨운 발길을 이끌어 주는 계단 하나하나가 반갑다. 갈바람통 전망대와 매봉을 오르는 동안 절벽을 따라 세워 놓은 계단과 갑판 길이 이토록 고마울 수가 없다. 계단이 없었다면 난 비령길의 절경을 보지 못했을지도 모른다.

얼마 전 '무장애 나눔 길'을 걸었던 적이 있다. 무장애 나눔 길은 산속에 완만하게 조성된 휠체어 갑판 길이다. 교통약자들이 이동할 수 있도록 턱이 없는 평지 형태로 만든 숲 산책로다. 이들 길은 평균 경사 8% 미만으로 조성되었다. 산림복지 차원에서 가장 쉽게 산림에 접근할 수 있도록 만들어졌다. 따라서 노약자와 장애인 임산부까지 편하고 안전하게 오를 수 있다. 누구나 자연을 가까이에서 체험할 수 있도록 만든 것이다.

지금껏 대부분의 산악 지역에 만들어진 등산로는 경사가 급하고 고르지 못하여 걷기가 쉽지 않았다. 정비가 잘 되었음에도 건강한 사람이 걷는 것조차 힘겨운 길이 많았다. 하물며 교통약자들은 멀리서 경치를 구경할 수밖에 없다. 산을 오른다는 것은 현실적으로 불가능한 일이다. 이제는 조금씩 달라지고 있다. '혼자 가면 빨리 가지만 같이 가면 멀리 간다'는 강령 아래 빠른 길이 아니어도 천천히 정상에 다다르는 길을 만들고 있다. 이를 두고 일부에서는 자연보호 측면과 효용 면에서 부정적인 생각을 하기도 한다. 그렇지만 요즘 지방정부의 재정 수입을 이유로 우후죽순 격으로 만들고 있는 출렁다리나 케이블카와는 조금 다른 각도로 봐야 한다. 이들은 자연보호라는 관점에서 자본주의 시장논리와 서로 다른 의견이 있을 수 있다. 하지만 무장애 나눔 길은 다르다. 아름다운 경관을 가까이서 보고 즐길 권리와 시장경제 논리가 양립할 수는 없다. 자연의 보호에 앞서 어느 정도 감내해야 하는 인간의 문제이다. 인간을 사랑하고 존중하는 마음이 그 어느 것보다 앞서야 하기에 그렇다. 무장애 나눔 길을 통해 아름다운 경관을 교통약자와 나누어 갖는 건 건강한 사람들의 몫이다. 신체적 약자들이 편하게 가는 길이 모든 이에게 편한 길이기에 더 많은 고민과 배려를 해야 한다. '무장애 나눔 길'의 이름처럼 이 순간이 모든 이에게 나누어졌으면 좋겠다는 바람을 해 본다.

  비렁길을 걸으며 생각한다. 우리가 모두 이 길을 같이 걸어갈 수 있다면 얼마나 좋을까. 힘들고 먼 길일수록 서로 의지하며 가야 한다. 가파른 길도 서로 배려하고 힘을 나누면 조금 더 편하게 오를 수 있다. 남을 돕고 배려하는 것은 단순히 어려운 사람을 돕는 것이 아니라 상대를 이해하는 마음에서 시작한다. 누구나 쉽게 할 수 있을 것 같지만 아무나 할 수 있는 일이 아니다. 다른 사람의 인격을 존중하며 스스로 다가선 마음이라야 가능하다. 겨자씨만 한 불씨 하나가 산더미 마른 풀을 다 태울 수 있듯이 작은 배려들이 풍요로운 삶을 만들어 낼 것이다. 걸음이 길어질수록 따뜻한 나눔의 멋이 그리워진다.

2020. 5

병풍 자락에서

 산행 중 음주가 금지되었다. 국립공원 내에서의 음주 행위를 규제하는 자연 공원법령이 개정 시행(2018.3.13.)된 것이다. 이제 음주 산행은 할 수 없게 됐다. 정상에서 마시는 한 잔의 유혹을 어떻게 뿌리쳐야 하나.

 오랜만에 만난 친구와 산에 올랐다. 속리산 초교 소나무 숲 동산을 돌아서면 험준한 바위산이 보인다. 아홉 병풍을 펼쳐 놓은 듯 아름다운 산, 구병산이다. 지어미 산으로 불리는 구병산은 지아비 산인 속리산, 아들 산인 금적산과 함께 보은 삼 산으로 불린다. 이곳 사람들이 꽤 신성시하는 산이다. 들머리인 계곡은 온통 너덜지대*다. 여느 산과는 달리 가파른 너덜 길이 금세 이마에 땀방울을 만들어낸다.

 된비알**을 오른 뒤 맞이한 바위굴, 쌀난바위다. 옛날, 전쟁으로 먹을거리가 없을 때 이곳에서 나온 쌀로 밥을 해 먹었다고 한다. 내 눈에는 쌀이 나올 것 같지 않다. 가난했던 시절, 먹고 살기 힘든 삶을 이겨 내기 위해 입으로 만들어낸 바위리라. 철 계단을

---

* 너덜은 많은 돌이 깔린 산비탈을 가리키는 순수한 우리말. 너덜지대에는 고만고만한 바위들이 널려 있어 발자국 흔적이 뚜렷하지 않으면 방향을 잘못 잡을 수도 있다.
** 아주 험하고 거친 비탈.

지나면서 경사가 심해진다. 겨울에도 따뜻한 바람이 나온다는 바람구멍 지대다. 오늘은 시원한 바람이다. 세 갈래 능선길을 만드는 백운대를 지나 정상에 올랐다. 정상석 암벽 낭떠러지에 서 있는 고사목이 햇살에 반짝인다. 힘겹게 살아왔을 굽은 소나무가 죽어서까지 산자락을 지키고 있다. 산 벚꽃 나무 아래 여린 풀이 바람에 흔들린다. 험한 산일수록 멋진 풍경을 만들어낸다. 정상에서 바라본 능선이 장관이다. 신선대에서 천왕봉, 문장대로 이어지는 산줄기가 한눈에 들어온다. 이름 그대로 봉우리들이 병풍을 두른 듯하다. 충북 알프스 능선이다.

잠시 쉬려고 커다란 바위 옆에 자리를 잡았다. 산에서 먹는 음식은 언제나 맛있다. 산에 오를 때면 빼놓을 수 없는 것이 먹는 즐거움이다. 송로 주 한잔이 땀을 식혀준다. 송로 주는 이 지역 특산품이다. 소나무 관솔에 누룩과 멥쌀을 섞어 맑게 빚은 술이다. 산사람들은 산행 중 마시는 술에 이름을 붙였다. 산에 오르기 전에 마시는 술은 입산 주라 한다, 계곡에 발 담그고 물소리 들으며 마시는 계곡 주, 정상에 올라 마시는 정상주, 산에서 내려와 마시는 하산 주에 이르기까지 그 의미는 다양하다. 머리 위에 떠 있는 구름 떼를 보면서 친구와 술잔을 주고받는다. 친구는 지난해 아내를 잃고 힘든 시간을 보내고 있다. 삶이 힘들 땐 산에 오르는 것만으로도 위로가 된다. 말없이 술잔을 건넸다.

하산길이다. 853봉을 넘어 절터로 향하는 바위 벼랑길이다. 밧줄을 타고 별 무리 없이 내려오는 듯했다. 바위를 비켜서 내려서는 순간, 발을 삐끗하며 넘어지고 말았다. 발목이 시큰하게 저려온다. 걷는 것이 불편했다. 친구의 부축을 받으면서도 크게 다친 곳은 없는 줄 알았다. 문제는 다음날이었다. 밤새 욱신거리던 발목이 크게 부어올랐다. 발을 디딜 수 없을 만큼 통증이 심했다. 복숭아뼈 아래로 금이 갔다는 진단을 받았다. 한 달여 동안 목발에 의지해야 했다. 조심성이 없다는 아내의 성화에도 술을 마셨다는 말은 끝내 하지 않았다.

발을 다친 경험이 있으면서도 여전히 산에 갈 때는 막걸리를 챙긴다. 나는 산에서 마시는 술 한 잔에 더없이 관대하다. 이제 산행 중 음주를 규제한다고 한다. 금주 장소가 대피소, 정상, 폭포 등 시행령에서 지정하는 곳으로 국한되지만, 애주가인 내겐 아쉬움이 많다. 음주 자체를 규제하는 것보다, 개인의 취향과 선택을 중시해야 한다는 생각에 이르면 더욱 미련이 남는다. 하지만 안전과 건전한 산행 문화 정착을 위해서라는 법 개정의 취지를 받아들일 수밖에 없다. 등산은 남녀노소 누구나 즐기는 국민 레포츠다. 두 달에 한 번 이상 산에 가는 사람이 1,800만 명(2017년 기준)에 이른다고 한다. 나의 이기적인 행동이 다른 등산객에게 피해가 되지 않았는지 생각해본다. 산에서의 음주는 자제하는 것이 맞다. 규제 이전에 스스로 삼가는 자세가 필요하다. 술 대신 숲이 주는 여유를 마시고 취해 보는 연습을 해야겠다.

산행하기 좋은 계절이다. 나이를 먹을수록 세월이 빨라진다고 한다. 시속 50km의 세월이 또 하나의 봄을 데리고 왔다. 맘껏 게으름을 피워도 좋을 주말에 집을 나선다. 산마루에 올라 시원한 바람을 맞는 건 그 자체로 멋진 일이다.

2018. 4

갈대숲을 걷다

 노을이 시화호에 잠긴다. 수양버들 아래 짙게 여문 갈대 사이로 가마우지 무리가 지나간다. 햇살 좋은 오후에 검은 깃을 펼치고 말리는 모습이 인상적인 새다. 푸드득, 한가히 앉았던 왜가리가 물갈퀴를 차며 날아오른다. 청둥오리들도 슬금슬금 물살을 가른다. 노란 산국이 앙증맞게 피었다. 밤새 고라니가 왔었나 보다. 검은 배설물이 보인다. 갈대숲에서 맞는 한적한 시간이다.
 안산갈대습지는 국내 최초의 인공 습지다. 반월, 삼화천 등이 합류하는 지점에 약 100만㎡ 규모의 공간을 습지로 조성하였다. 시화호로 유입되는 오염수를 습생식물을 이용한 자연방식으로 정화하기 위함이었다. 습생식물은 줄기와 잎에 다량의 수분을 함유하고 있다. 잎과 기공 사이의 간격이 넓고 외부로 수분을 배출하는 증산작용을 활발하게 한다. 유입된 오염수는 미생물과 갈대 뿌리에 오염 물질이 흡수 분해되어 깨끗해진 상태로 시화호에 흘러든다. 먹이사슬에 있어 습지는 중요한 역할을 한다. 수초 지대는 물고기가 알을 낳고 살아가기에 적합하다. 갈대숲 사이로 순간순간 물고기가 튀어 오르는 모습을 자연스레 볼 수 있다. 때문에, 양서류 조류가 쉽게 먹이를 구할 수 있는 환경이 되었다.

습지 주변에는 뿔논병아리와 등대 백로, 괭이갈매기 등의 새들이 살고 있다. 물닭이 새끼를 몰고 다니는 모습은 흔히 볼 수 있다. 부리와 얼굴 앞쪽에 흰색 빛을 띠는 물닭의 몸은 어두운 편이며 통통하다. 다양한 조류가 습지에서 자신들 만의 독특한 모습으로 개체 수를 늘려가고 있다. 특히 횟대에 앉은 파란 깃 물총새의 자태는 우아하다. 습지 안 작은 수로에는 멸종위기야생동물 2급인 금개구리가 살고 있다. 보호색인 풀꽃 빛깔과 비슷해서 잘 보이지 않는데, 자세히 보면 찾을 수 있다. 새들의 이름도 이쁘다. 땅에 있는 닭처럼 흔하다고 해서 물닭, 고양이처럼 울어서 괭이갈매기라 부른다. 이곳에 삵과 수달이 서식한다는데, 밤에만 활동해서인지 아직 한번 보지 못했다.

가을이 오면 습지는 갈대꽃이 장관을 이룬다. 성인 키보다 훨씬 높게 자란 갈대가 산책로 주변에 빽빽하게 서 있다. 갈대숲을 할퀴는 바람이 분다. 순간 기다렸다는 듯이 갈댓잎들이 바람을 탄다. 갈대가 일렁일 때마다 서걱서걱 울음 운다. 바람에 실려 온 바다 내음과, 사그락거리는 갈대가 그려 놓은 수묵화가 습지 가득 펼쳐진다.

갈대와 억새는 혼동 하기 쉽다. 둘 다 볏과의 여러해살이풀로 9~10월에 꽃이 핀다. 갈대는 강가나 바닷가에 군집을 이루고 산다. 땅속줄기가 있어서 옆으로 길게 뻗어나가며 마디에서 수염뿌리가 난다. 이삭이 다소 수더분하게 생겼다. 억새는 이삭이 질서 정연하게 생겼고 주로 들이나 산에서 볼 수 있다. 가늘고 끝이 뾰

쪽한 작은 이삭들이 밀집하여 달리고 백색의 털이 있다. 꽃은 줄기의 끝에서 부채모양으로 핀다. 잎맥의 하얀 선이 두드러져 바람에 나부끼는 모양은 갈대보다 억새가 훨씬 아름답다. 특히 역광으로 나부낄 때 은색 빛을 보면 경이롭기까지 하다.

갈대꽃을 보러 습지를 오가는 길에 '줍깅'을 실천 중이다. 줍깅은 '쓰레기 줍는 조깅'의 줄임말이다. 평소 등산을 하면서 겸사겸사 쓰레기를 줍는 클린 하이킹(clean hiking)의 연장이다. 쓰레기라도 하나 주우면 습지가 좀 더 깨끗해지지 않을까 해서 시작한 일이다. 줍깅은 단순히 쓰레기를 줍는 환경보호 개념에 머물지 않는다. 쓰레기를 주우면서 육체를 단련하는 운동의 하나로 접근한다. 일반적인 걷기보다 체력 소모가 더 많다. 특별한 준비가 없어도 된다. 평범하게 산책하다 쓰레기가 보이면 주워서 봉지에 담으면 된다. 관리가 잘된 곳은 한참을 걸어도 봉지에 담배꽁초 몇 개밖에 안 되는 때도 있다. 동작을 크게 하거나 줍기 힘들 정도로 무리하게 속도를 높이지 않는다. 개인의 건강을 지키는 운동이 따로 있고 환경을 지키는 활동이 따로 있는 것이 아니라는 생각이다.

최근 갈대 습지의 육지화가 새로운 문제로 떠 올랐다. 시화호를 되살린 습지가 제대로 관리받지 못해 말라버릴 위기에 처한 것이다. 집중호우 시 인근 공사 현장에서 발생한 흙탕물이 습지로 유입된 원인이 크다. 여기에 습지식물과 토사물 등이 제때 처리되지 못한 채 차곡차곡 쌓였다. 갈대 습지의 물이 빠져나가 수위가 점점 낮아지고, 쌓인 부유물 처리가 제때 되지 않고 있다. 주변 지류 하천에 비해 상대적으로 높은 곳에 급수 시설이 되어 있으나, 두 관리 지자체의 갈등으로 물 공급이 원활히 되지 못하는 실정이다. 갈대 습지가 제 기능을 상실하면 이는 곧바로 시화호에 영향을 준다. 상류에서 유입되는 오염수가 정화 과정 없이 그대로 유입되면, 시화호는 또 다시 몸살을 앓게 될 것이다. 지자체의 관심이 필요한 때다. 습지의 육지화가 진행돼도 개인이 할 수 있는 일은 많지 않다. 쓰레기를 줍는 정도가 고작이다. 갈대와 사람과 이곳에서 살아가는 짐승이 공존해야 한다는 인식만 할 뿐.

따스한 햇살이 아니어도 좋다. 바람이 불면 더 좋은 갈대 습지. 해마다 가을이면 연출되는 갈대꽃의 향연에 보답할 방법이 없을까.

2023. 9

지리산 능선을 걷다

숲이 깊은 잠에 빠져 있다. 햇살이 올라와 나무들을 깨우려면 한참의 시간이 더 흘러야 하는, 이른 새벽이다. 등짐을 메고 산으로 향하는 마음이 설렌다. 백두대간 끝자락에 자리 잡은 지리산 종주. 늘 마음으로 그려 보던 산행이다. 산을 좋아하는 사람이라면 한번 걷고 싶어 하는 동경의 코스다.

안개 자욱한 노고단으로 향한다. 계곡을 타고 흘러내리는 물소리가 상쾌하다. 고집스레 하늘만 바라보며 잎새를 키운 가지들이 구름에 묻혔다. 고갯마루에 올라서니 발아래 솜이불을 깔아 놓은 듯 구름이 펼쳐진다. 계곡으로 미끄러지던 구름이 산허리에 걸터앉았다. 신선이 된 느낌이다. 천왕 일출, 반야 낙조와 더불어 지리산의 가장 아름다운 3대 경관인 노고 운해다. 이곳에서부터 천왕봉을 향한 본격적인 산행을 시작한다. 구름을 밟으며 오르내리는 광활한 지리산의 등줄기, 전혀 짧지 않은 일백 리* 길이다.

주 능선에서 북으로 벗어나 외톨이로 서 있는 반야봉. 어리석은 자가 머물면 무심의 지혜를 얻게 된다는 불도의 봉우리다. 정

---

* 노고단에서 천왕봉까지 25.5km(등정~하산 포함 약 40km) 주 능선 산행

상은 돌투성이의 너덜지대다. 앞으로 걸어가야 할 주 능선이 한눈에 들어온다. 오늘 산행에서는 산자락을 붉게 물들이는 아름다운 반야 낙조를 볼 수 없지만, 오를 수 있다는 것만으로도 가슴이 빅차다. 어리석은 나는 참된 삶을 아직도 잘 알지 못한다. 욕심을 버리고 배려하는 마음을 갖기가 쉽지 않다. 산에 오를 때마다 겸손한 삶을 다짐하지만 늘 욕심이 앞선다. 마음을 비우는 것이 이토록 어려운 것인가. 움켜쥐려는 손짓에 욕심이 가득 묻어 있는 걸 험한 산길에서의 발걸음이 있고 나서야 알아챈다. 치맛자락 주름처럼 휘감아 도는 능선이 끝없이 푸른 물결로 넘실거린다. 연곡사를 지나 피아골 계곡을 올랐다는 한 무리의 산 꾼들이 짙은 땀 내음을 풍기며 지나간다. 가쁜 숨을 내쉬며 한발 한발 내딛는 걸음이 묵직해 보인다. 삶의 여정에서 산은 그 자체로 안식처가 된다.

등성이를 고루 나누어 주면서 삼 도의 시발점이 된 삼도봉[**]에 빗방울이 떨어진다. 봉우리마다 햇살과 비구름을 동시에 품고 있는 지리산 날씨는 변화무쌍하다. 어릴 때 비가 오면 마구 뛰던 생각이 난다. 어른이 되어서도 비를 덜 맞기 위해 여전히 뛰었다. 하지만 어느 때부터 뛰지 않는다. 비를 조금 더 맞으면 그뿐이라고 생각한다. 나이를 더해 가면서 여유가 생긴 것인가. 세월 앞에서도 서두르거나 허둥대지 않으려고 노력한다. 숲에서도 가능한 느린 걸음으로 걷는다. 지금 걷고 있는 시간에 집중하고 싶어서다. 많은 사람이 걸었을 길 위에 내 발자국을 겹쳐 본다. 수십 년 전만 해도 전쟁의 아픈 역사를 살아간 사람들의 애환이 서린 길이다. 지난 삶을 생각하며 나 자신을 찾는 시간이다.

[**] 삼도봉은 해발 1,500.97m로 전라북도·전라남도·경상남도 등 3개 도의 경계를 이루고 있는 봉우리다.

눈 즐거워지자고 걷는 걸음에 다리가 힘겨워한다. 연하천 대피소는 짐을 풀어놓고 둘러 모여 음식을 먹는 사람들로 북적인다. 토끼봉을 지나면서 말벗이 된 젊은 부부와 어울려 점심을 함께 먹기로 했다. 산에서 먹는 음식은 언제나 꿀맛이다. 컵라면과 김밥, 과일 몇 개가 전부지만 어느 진수성찬보다 맛이 있다. 산에 오르는 것을 좋아하는 두 사람은 여름휴가 때면 같이 산에 온다고 한다. 마음이 맑고 순수해 보인다.

눈을 들어 바라보니 사방으로 드넓은 숲이 펼쳐진다. 정령치에서 바래봉으로 이어지는 서북 능선과, 앞으로 걸어가야 할 주 능선이 까마득하게 이어진다. 아름다운 경관을 하나하나 마음에 담는다. 몇 걸음만 비켜서도 서로 다른 모습을 보여 주는 산자락이다. 숲의 고요함에 마음이 평안해진다. 바위에 서서 숲을 바라보고 있으면, 조금은 넓어진 가슴으로 삶을 되돌아보게 된다. 산꼬리풀과 구절초를 닮은 참취꽃이 눈에 띈다. 꽃과 나무, 숲길을 오롯이 홀로 걸었다. 봉우리를 삼켰다 뱉기를 여러 차례 하는 구름이 길게 그림자를 만들어 낸다. 무거운 발걸음이 쉼터로 향한다.

숲은 어둠이 빨리 내려온다. 해 넘은 자리에 들어온 일그러진 달이 전나무 숲을 차지한다. 한여름 더위에 가을은 오지 않을 줄 알았는데, 제법 서늘한 바람이 불어온다. 밤인 줄도 모르고 늦사랑 찾는 매미가 구슬프게 울어댄다. 계절이 바뀌어 가는 소리다. 숲은 어둠에 묻힌 채 오늘을 뒤로 하고 내일을 맞이하는 중이다. 가끔 눈을 감아야 더 잘 보이는 것이 있다. 어린 시절 별 헤던 밤의 추억, 보고 싶은 이의 얼굴, 산 너머를 그려 보는 것들은 눈을 감아야 잘 보인다. 풀벌레들의 감미로운 자장가를 들으며 눈을 감아보지만, 쉽사리 잠이 들지 못한다. 내 삶에 가장 아름다운 추억으로 남을 음정 마을의 밤이 깊어져 간다.

장터목 대피소를 지나니 제석봉이 반갑게 맞이해준다. 안개가 머물고 구름이 노닐던 비탈에 왕성하게 자라고 있는 구상나무 군락지다. 나무들 사이로 불에 탄 고사목들이 바람을 맞고 서 있다. 아픔을 이겨내며 이국적인 멋진 모습으로 되살아나고 있다. 인간의 욕망에 참사당하고도 60여 년을 눈·비 맞으며 견디고 있는 모습이 처연하다 못해 아름답게 느껴진다. 발걸음 소리 듣고 송사리 떼 몰려다니듯, 봉우리를 오가던 구름 떼가 지나간 자리에 햇살이 들어와 자리를 잡는다. 산자락이 환하게 웃는다, 어제와 오늘, 달라진 것은 아무것도 없어 보인다. 흙과 돌, 바람과 햇살 모두가 그대로이다. 그렇지만 모든 것이 달라진 오늘이다. 마음에 비추어지는 모든 것이 어제와 다른 싱그러움으로 다가온다. 맑아진 마음으로 '하늘에 오른다'는 통천문을 지난다. 나무와 바위가 조화를 이룬 곳, 삶과 죽음이 공존하는 이곳을 지나야 천왕봉에 이를 수 있다.

봉우리 끝에 걸리어 맴돌던 구름이 내려선다. 천왕봉의 웅장한 모습이 드러난다. 광활한 산자락이 끝없이 펼쳐진다. 험한 길을 무사히 오른 이에게 주어지는 산의 선물이다. 구름 틈으로 햇살을 모아 산자락을 바라본다. 섬으로 떠 있는 봉우리들이 파도처럼 일렁인다. 한 줌 흙도 마다하지 않은 산이다. 산은 자신을 위해 키를 높이지 않는다. 제 한 몸만 생각하는 이기적인 내게도 기꺼이 등을 굽혀 주었다. 더 높이 오르고 싶어도 더 오를 수 없는 곳, 천왕봉. 지리산은 어떤 수식도 필요 없다. 그 자체로 이미 충분한 산이다.

'韓國人의 氣像 여기서 發源되다'

머물러 있었다면 보지 못했을 숲이다. 떠나온 자를 위해 기꺼이 제 몸 낮추어 구부리고 오를 수 있도록 해준 산이다. 마음이 한결 풍족해진 느낌이다. 오르내리는 산행에서 긴 눈 맞춤으로 얻은 산의 정기는 굴곡진 삶을 살아가는 내게 힘이 될 것이다. 내려오던 발걸음 멈추어 뒤돌아본 산자락이 구름에 묻혔다. 가장 높은 곳에 올라 낮은 곳으로 향하는 걸음에서 행복을 느끼게 해준 산에서의 시간이 내 마음속에 가득하다.

첫째 날(성삼재~노고단~임걸령~노루목~반야봉~삼도봉~토끼봉~연하천~형제봉~벽소령~음정)
둘째 날(백무동~장터목~제석봉~천왕봉~법계사~중산리)

2017. 9

클린 하이킹 Clean hiking

올라올 땐 가볍게, 내려갈 땐 무겁게.

산에 오를 때마다 많은 것을 대가 없이 얻어 가고 있다는 생각이 든다. 등성이에 솟아오른 너럭바위에 걸터앉아 세상을 내려다볼 수도 있고, 산 끝자락을 신나게 오르는 뭉게구름도 언제든지 만날 수 있는 곳. 아낌없이 우리에게 나누어 주는 산의 고마운 풍경들이다. 그래서 소박해도 행복할 수 있는 곳이 산이다.

요즘 주말 근교 산행을 할 때면 산에서 쓰레기를 주워 온다. 산을 지키는 클린 하이킹(clean hiking)을 실천하는 중이다. 클린 하이킹은 플로깅의 산악 버전이다. 플로깅(Plogging)은 2016년경 스웨덴에서 처음 시작됐다. 이삭을 줍는다는 뜻인 스웨덴어 'plocka upp(pick up)'과 '조깅(jogging)'의 합성어다. 천천히 걸으며 쓰레기를 줍는 운동을 의미한다. 무릎과 허리를 굽혀 쓰레기를 줍는 건 색다른 경험이다. 쓰레기를 주울 때 다리를 구부리고 허리를 숙이는 것은 운동 효과가 크다. 여기에 자신을 낮추는 마음 수련뿐 아니라, 환경보호에도 일조한다는 측면이 있어 최근 많은 관심을 두는 추세다. 플로깅은 쓰레기를 주우면서 목적지까지 안전하게 도달하는 것이 핵심이다. 집 근처 공원이나 둘레길뿐 아니라 산과 바다 등 어디에서도 할 수 있다. 지난해, 산악 모임에서 체험한 뒤 지금은 주로 홀로 다닌다. 혼자서도 충분히 할 수 있는 운동이다. 산에 올 때 짐을 최소한으로 줄인 배낭에 물과 간단한 소지품만 넣고 비닐봉지를 챙겨 나온다. 산뜻하게 산을 즐기면서 마스크, 과자 봉지 등 등산객이 버리고 간 쓰레기를 줍는다. 그러다 보면 나도 모르게 기분이 좋아진다. 클린 하이킹은 단순히 육체를 단련하는 것 이상의 행위다. 체력을 기르면서 환경을 보호하고 자아를 실현할 수 있는 활동인 셈이다.

한적한 마을의 고즈넉한 풍경과 바다의 시원함이 함께 어우러진 아름다운 섬 이작도. 송이산과 부아산을 양어깨에 두고 있는 섬이다. 오늘 목적지는 부아산 마루다. 옥동자를 잉태하고 있는 형상이라는 부아산은 기묘한 바위 능선, 탁 트인 시야까지 적지 않은 매력을 갖추고 있다. 들머리로 사람들이 덜 다닌 잿길을 택해 클린 하이킹하기로 했다. 비닐봉지와 작은 집게를 챙기고 촉촉한 길을 걷기 시작한다. 밤새 추적이던 하늘에 이른 봄의 따사로운 햇살이 감돈다. 비 내린 뒤의 아침이라 하늘이 유난히 맑고 상큼하다.

산자락이 옥보다 더 귀한 절경을 만들어 구름 포대기에 감싸 놓았다. 서 있는 자리에서 한 발짝만 비켜서도 모든 것이 다르게 보인다. 그럴 때면 욕심부려온 내 삶의 영역이 얼마나 보잘것없는지를 알게 된다. 전혀 흔들림이 없는 구름다리다. 대이작도가 자랑하는 제1경은 부아산 정상에서 바라보는 하트 모양의 해안 절경이다. 그리고 2경이 바로 이곳 구름다리다. 세인들의 눈을 피해 안개 자욱한 새벽에 신선들이 건너다니는 다리라고 한다. 연인과 거닐며 사랑을 소원하면 사랑이 이루어진다고 하여 대이작도의 명물이 되었다. 구름에 떠 있는 다리를 건너는 지금, 마치 신선이 된 느낌이다. 잠시 숨을 돌려 바다를 바라본다. 선갑도, 소야도 등 크고 작은 섬들이 한눈에 들어온다. 그 앞으로 바다 위의 신기루라는 풀등이 길게 늘어진다. 썰물 때 나타나는 모래섬이다. 자그마치 30여만 평. 거대한 모래 언덕이 하루 두 번 바다를 둘로 갈라놓는 것이다. 자연의 신비스러움의 끝은 어디일까. 보는 각도에 따라 관세음보살로 보인다고 하는 손가락 바위가 푸른 물결을 내려본다. 오늘 내 눈에는 영락없는 관음의 모습이다.

가풀막을 내려섰다. 온통 흙빛인 비탈에 흰색 물체가 들어온다. 가시에 긁혀가며 다가가 보니 이번엔 우유 팩과 물병이다. 고작 반나절 산행인데 모은 쓰레기가 한 봉지 가득하다. 담배꽁초, 음료 캔, 플라스틱, 비닐… 버려진 양심의 민낯이다. 깨끗한 환경은 그냥 주어지는 것이 아니다. 줍는 것보다 버리지 않는 것, 나아가 쓰레기를 만들지 않는 것이 중요하다. 오로지 오르는 것에만 집중하면 더 높이 오르거나 더 빨리 정상에 도달할 수 있을 것이다. 클린 하이킹하면서부터 앞만 보고 가는 것이 아니라 천천히 주위를 둘러보면서 산행한다. 시선을 조금만 낮추고 멈추어 서면 의미 있는 일을 할 수 있다. 쓰레기를 주울 때마다 좋은 사람이 된 느낌이 든다. 내가 좋아 찾아온 산, 내가 오르는 산자락을 깨끗이 한다고 생각하면 마음이 흐뭇해진다. 막연히 산에 오르기만 할 때와는 다른 느낌이다. 산행을 즐기는 과정에서 삶을 돌아보고 나의 신념을 확인해보는 계기가 된 것이다. 세상의 기준에 맞추려 부단히 옭아매던 욕심을 조금씩 내려놓고 나 자신을 소중하게 여기는 시간을 갖는다.

코로나19로 모든 것이 얼어붙은 상황에서도 일상은 이어지고 있다. 어려운 시기에 마음마저 위축될 필요는 없다. 자연 속에서 추구해야 하는 것은 모든 것을 누리고자 하는 욕심이 아니다. 물 한 모금에서도 세상을 다 가진 듯한 기쁨을 느끼는 소박함이다. 클린 하이킹은 단지 쓰레기를 줍는 산행으로 그치지 않는다. 어려울수록 건강을 챙기고, 이왕이면 환경을 생각하자는 의미가 크다. 건강과 환경을 생각하는 자성의 울림이다. 실천하는 기쁨, 그리고 얻게 되는 긍정 에너지. 플로깅, 클린 하이킹이 자연과 함께하는 하나의 걷기 문화, 등산 문화로 자리 잡았으면 한다.

2021. 3

길에서 길을 묻다

　어둠이 채 가시지 않은 바닷가. 기이한 형상의 바위와 나무가 어우러져 절경을 만들어 놓았다. 소나무 사이로 불어오는 차가운 바람이 코끝에 닿는다. 파도가 하얗게 부서진다. 쉼 없이 바위에 부딪히고 깨지기를 반복한다. 어제와 똑같은 일상에 특별한 의미를 부여해 주며 맞이한 새해 첫 휴일. 동해 일출을 보기 위해 새벽길을 달렸다. 하얀 물결이 밀려오는 바다를 바라보며 아침을 맞는다.

　빛이 바닥에 닿기 힘들 만큼 **빽빽**한 대나무 숲을 걷는다. 갈댓잎이 성근 소리를 낸다. 끝없이 펼쳐진 바다가 너울거린다. 물바람이 만들어 낸 짜릿한 내음이 밀려온다. 검은 바다에 부서지는 파도 소리만 들릴 뿐 산사는 고요하다. 노송 아래 석벽에 새겨진 글귀가 눈길을 끈다. '길에서 길을 묻다' 나는 오늘 어떤 물음을 하고 무슨 답을 듣고 돌아갈까. 낙산사는 2005년 대형 산불로 대부분 소실되는 큰 피해를 보았다. 그 후 많은 부분이 새롭게 복원되었지만, 아직도 불탄 흔적이 곳곳에 남아 있다. 바위 절벽에 뿌리내린 노송들 사이로 여명이 스며든다. 빨간 등대 앞으로 작은 고깃배가 지나간다.

낙타 등을 닮은 능선이 길게 이어진다. 오봉산은 웅장하거나 높은 산은 아니지만, 바위산의 위엄은 고이 간직하고 있다. 이름에 걸맞게 기암괴석이 절묘하게 자리를 잡았다. 산마루에 해수 관음보살이 망망대해를 향해 웅장한 자태로 서 있다. 보살의 엄청난 크기에 감탄이 절로 난다. 어스름한 날씨에도 여명에 비친 모습이 신비롭다.

관음상 아래 작은 암자가 보인다. 홍련암이다. 낙산사의 모태가 되는 홍련암은 깎아지른 듯한 절벽에 세워져 있어 마치 바다에 떠 있는 것 같다. 승려 의상(625-702)이 좌선한 지 7일째 되는 날, 바다 위로 붉은 연꽃이 떠오르고, 솟아오른 홍련 속에서 관음보살이 나타나 대사에게 법열을 주었다고 한다. 관음보살을 친견한 대사가 가파른 절벽 사이 바위틈에 새집처럼 암자를 지은 뒤 홍련암이라 이름 지었다. 홍련암은 '관세음보살이 상주하는 성스러운 곳'으로 알려졌다. 관세음보살이 상주하는 근본 도량은 대부분 바닷가에 있다. 동쪽의 낙산사 해수 관세음보살, 서쪽의 강화 보문사 마애 관세음보살, 남쪽의 금산 보리암 해수 관세음보살이 대표적인 관음 도량으로 꼽힌다. 이들 도량에서 성심으로 기도 발원을 하면 관세음보살의 가피를 잘 받는 것으로 알려졌다. 탁 트인 바다를 보면서 기도를 한다는 것 자체만으로도 마음의 평온을 얻을 수 있을 것이다.

법당은 뜻밖에 한산했다. 해를 보기 위해 여러 사람이 모여 있는 마당과는 달리 절하는 몇몇이 보일 뿐이다. 무릎을 꿇고 마룻

바닥의 유리 구멍으로 아래를 내려다본다. 관음굴이다. 출렁이는 바닷물결이 겨울이라서 더 맑고 깊게 보인다. 절벽에 부딪혀 하얗게 부서진 파도가 밀려온다. 들어왔다 나가기를 반복하는 물결이 온갖 근심을 다 씻어 주는 것 같다.

새해가 되면 점집을 찾거나 오늘의 운세를 즐겨 보던 때가 있었다. 대부분 일이 잘 풀리지 않거나 아이들 건강이 좋지 않을 때였다. 상담받고 나면 그 순간만큼은 마음이 편했다. 앞으로 잘 될 테니 걱정하지 말라는 덕담을 듣는 때도 있고, 나쁜 기운을 없애야 한다며 굿을 권하는 일도 있었다. 좋은 말을 들으면 안심이 되고, 나쁜 말을 들으면 불안하다. '인간을 포함한 세상의 모든 것을 지배하는 초 인간적인 힘'이 나를 지배한다고 믿었는지도 모르겠다. 힘든 일이 생기면 운명을 탓하고 모든 원인을 밖에서 찾으려 했으니 말이다.

얼마 전에 보았던 영화가 생각난다. <천문:하늘에 묻는다>는 한글을 창제한 세종과 장영실의 이야기를 다룬 영화다. 역사상 가장 위대한 왕과 관노로 태어나 종3품 대호군이 된 천재 과학자. 조선의 하늘과 시간을 갖고자 했던 왕과 그 뜻을 함께했지만, 한순간 역사에서 사라진 과학자에 관한 숨겨진 이야기다. 그중에 인상 깊은 장면이 있다. 별이 없는 밤, 천체 망원경으로 별을 보고 싶어 하는 세종에게 장영실은 별을 만들어준다. 창호지 문에 작은 구멍을 내고 창 반대편에서 등불을 비추어 별을 만들어 내는 장면이다. 창문에 만들어 놓은 별을 보는 세종과 장영실을 보면서 나는 나의 별을 만들기 위해 얼마나 노력해 왔는지 생각해 보았다. 캄캄한 하늘에 별빛을 내기 위해 등불을 켠 적이 몇 번이나 될까. 별을 만들기 위해 노력하기보다는 하늘을 보며 신세 한탄만 하지는 않았는지….

살다 보면 작은 일이든 큰일이든 굴곡이 있다. 조석으로 열두 번도 더 변하는 사람의 심성이 바탕이긴 하지만, 삶이란 수많은 굴곡이 연속인듯하다. 그럴 때마다 주어진 삶에 얼마나 힘겨워했는지. 모진 바람이 불 때라야 강한 풀을 알 수 있다고 한다. 도저히 해결할 수 없을 것 같았던 일들도 열심히 살다 보면 극복되어 간다는 걸 이제야 알 것 같다. 반백 년을 넘게 살고 나서야 삶에 순응하는 법을 깨닫고 있다.

소나무 사이로 보이는 바다가 붉게 물들기 시작한다. 솟구치는 해를 보기 위해 달려온 발길을 외면하지 않을 모양이다. 햇살을 앞서 올라온 밝은 빛이 홍련암 지붕에 곱게 쌓여 간다. 좁은 절 마당에 사람들이 발 디딜 틈 없이 가득 찼다. 숨소리조차 들리지 않을 만큼 조용하다. 기도하는 마음에 섣달그믐이나 정월 초하루가 별반 다를 게 없을 텐데 그게 아닌가 보다. 두 손을 모으고 바다를 향한 몸짓이 사뭇 경건해진다. 수평선마저 미동도 하지 않은 채 잔잔하다. 시간이 지나면서 바다 한복판에서 솟아오르는 해를 기다리는 마음에 조급함이 더해진다. 하지만 붉게 물든 바다와 달리 수평선 넘어 자욱하게 깔린 운무가 해를 쉽게 내주지 않는다. 붉다 못해 이글거리는 해를 기대한 마음에 서운함이 깃든다.

파도가 밀려와 바위에 부딪힌다. 하얀 거품을 내며 흩날리다 이내 부서져 사그라지면 또 다른 파도가 뒤를 따른다. 바다는 수만 년 전부터 똑같은 몸짓으로 하얀 거품을 만들어 내고 있었을 것이다. 깨진 거품에 대한 미련도 없이, 반복되는 동작에 지치지 않고 오랜 세월 자신을 부수어 온 것이다. 바동거리는 내 일상의 무게는 얼마나 더 많은 시간을 견뎌내야 거품이 걷히고 가벼워지려는지. 산을 옮기고 바다를 메울 수는 있어도 마음에 욕심 채우기는 힘들다고 한다. 욕심을 부리기보다 욕심을 버리는 삶을 살 수는 없을까. 세상을 보는 눈이 단 하루만이라도 순수해서, 빌어야 할 소원이 적어질 날을 기대해 본다.

2020. 2

물을 사 먹는 시대

 물을 물 쓰듯 하던 때가 있었다. 옛날이야기다. 자동차 기름보다 더 비싼 물을 마셔야 하는 요즘, 사 먹는 생수는 우리 생활에서 떼어놓을 수 없는 물품이 되었다. 대형 마트 판매 1위 음료가 생수일 정도다. 남극이나 북극에서 물을 수입하는 건 어제오늘 일이 아니다. 한라에서 백두까지 암반을 뚫어 쉼 없이 생수를 퍼 올린다. 언론 매체에는 청정지역 샘물부터 해양 심층수까지 깨끗하고 좋은 물이라는 광고가 넘쳐난다. 수돗물에 대한 불신이 가중되면서 생수 소비는 더욱 늘어나는 추세다.

 생수의 소비로 인한 사회문제는 다양하게 나타나고 있다. 우선, 생수를 마시고 남는 플라스틱 쓰레기 문제다. 열심히 분리수거를 해도 재활용되는 비율은 20%가량에 머문다고 한다. 투명 페트병 별도 배출제 시행으로* 모든 공동 및 단독주택에서는 투명 페트병을 분리배출 해야 하지만 아직은 계도 단계이다. 플라스틱 쓰레기 문제를 해결하기 위해서는 분리수거나 재활용도 중요하지만, 플라스틱을 애초부터 사용하지 않는 것이 중요하다.

---

* 아파트 등 공동주택에서 시행하고 있는 투명페트병 분리배출이 25일부터는 단독주택을 비롯해 다세대 주택, 빌라, 상가까지 확대되며 의무화된다. 이에 따라 이날부터 전국 대부분 지역에선 투명한 페트병과 일반 플라스틱을 분리해 배출해야 한다. (News1 2021-12-25)

건강 문제도 빼놓을 수 없다. 천연, 자연, 순수라는 말속에 감춰진 생수병의 폐해는 심각하다. 플라스틱은 매립해도 잘 썩지 않는다. 소각할 때면 각종 유해 물질을 내뿜는다. 어느 경우이든 분해되는 과정에서 미세플라스틱을 발생시킨다. 미세플라스틱은 해양으로 흘러 들어가 생태계를 오염시키고, 오염에 노출된 생명체는 먹이사슬을 타고 돌아와 우리 건강을 위협한다. 이미 우리는 해산물을 먹을 때마다 미세플라스틱을 먹고 있는지도 모른다. 시중에서 판매되고 있는 생수 대부분에서 미세플라스틱이 나왔다는 결과가 발표되기도 했다.

플라스틱병이 흔치 않았을 때는 다양하게 사용되기도 했다. 장에서 석유를 사 올 때나 방앗간에서 기름을 짤 때 플라스틱병이 요긴하게 쓰였다. 무겁고 깨지기 쉬운 소주 댓 병보다 취급이 편리해서다. 아이들은 개울에서 놀 때 뚜껑을 달아 튜브 대용으로 쓰기도 했다. 병의 중간을 자른 뒤 작은 꽃을 심어 화분으로도 썼다.

우리가 마시는 물을 오염시키고 있는 악순환의 중심에 생수가 있다. 생수 소비를 줄이기 위한 다양한 노력이 필요하다. 최우선 해결책은 공공의 자원인 수돗물에 있다. 많은 사람이 깨끗하고 안전한 물을 마실 수 있도록 관심을 기울여야 한다. 수돗물을 마시지 않는 가장 큰 이유는 수질에 대한 불안감이다. 수돗물 수질 보증제와 같은 정책적인 해결을 통해서 음용률을 높이려는 제도적 뒷받침이 필요하다. 아리수 품질 확인제, 우리 집 수돗물 안심 확인제 등의 실천이 대표적인 예다. 가정의 수도꼭지 수질검사나 물탱크, 배관 관리 상태 등 종합적인 관리 시스템을 도입하는 것도 방법이다. 이런 일들은 개인의 역량으로 해결하기에는 한계가 있다. 정부나 지자체가 나서서 근본적인 문제를 검토할 때다.

기업의 사회적 책임도 중요하다. 기후 위기 시대에 탈탄소는 우리의 최우선 관심사다. 세계적으로 탄소 배출량을 줄이기 위한 다양한 협약과 노력이 꾸준히 이어져 오고 있다. 하지만 여전히 변화가 더딘 분야가 있다. 바로 플라스틱 쓰레기 문제다. 플라스틱 쓰레기 문제는 개인의 실천을 넘어서는 사회구조적인 문제다. 페트병 생수를 생산하고 유통하는 기업들의 환경에 대한 인식의 변화가 따라야 한다. 생수 회사들이 자체 비용을 들여 페트병을 수거하고 재활용하도록 제도적 장치를 마련해야 한다. 그렇다고 해서 분리수거 같은 개인의 실천이 폄하되면 곤란하다. 빈 병 보증금 제도를 페트병까지 확대해서 시민들이 적극적으로 플라스틱 쓰레기 수거에 참여할 수 있는 시스템을 갖추는 것도 좋은 방법이 될 것이다.

주말이면 산을 자주 찾는다. 산에 갈 때 아무 생각 없이 생수를 사서 가는 경우가 많았다. 요즘에는 가능하면 집에서 물을 담아 가려고 노력한다. 개인 물병 사용하기, 말처럼 쉬운 일이 아니다. 하지만 작은 것에서부터 플라스틱 사용을 줄이기 위해 노력한다면 조금씩 나아질 것이다. 집에서 물을 챙겨 나가는 게 귀찮다고 해서 생수를 사 먹는 편리를 쫓는다면 물의 미래는 암울할 수밖에 없다. 과거의 소비문화는 개인적 취향을 중심으로 브랜드, 가격, 품질 소비에 한정되었다. 최근엔 MZ세대를 중심으로 친환경 제품의 수요가 확산하는 추세다. 제품 성분이나 기업 윤리, 환경 문제까지 따지는 가치소비가 산업 전반으로 확대되고 있다. 환경적인 측면에서 의미 있는 변화이다.

생수 소비, 이제 더는 방관할 문제가 아니다. 문제의 심각성을 느끼고 함께 해결책에 관심을 가져야 한다. 수돗물 불신, 생수 업자의 약장수 마케팅, 정부의 책임회피, 세 박자 왈츠가 강렬하게 유혹하는 생수 소비에 대해 고민해야 한다. 페트병 생수 없이도 촉촉한 일상, 플라스틱 쓰레기 없는 깨끗한 삶을 영위하는 것은 생각만큼 어렵지 않다. 기후 위기 시대, 친환경은 기업들이 홍보하는 소위 프리미엄 제품에 있는 것이 아니다. 플라스틱으로 인해 강과 하천이 오염되지 않는 세상, 탄소 배출로 인해 생명체가 고통받지 않는 세상이 진정한 친환경이다.

2022. 9

시화호를 달리다

 자전거 인구 1,300만[*] 시대다. 자전거는 이미 단순한 이동 수단을 넘어선 지 오래다. 취미와 스포츠 등 우리 생활 곳곳에 자리 잡고 있다. 자전거 타기는 다른 운동에 비해 신체적 부담이 적은 유산소 운동으로 전신운동 효과가 크다. 그래서 자전거 타기의 가장 큰 매력은 즐기면서 운동을 할 수 있다는 것이다.
 가을이 성큼 다가왔다. 하늘은 구름 한 점 없이 맑다. 지나간 여름 폭염을 이겨낸 잎새들이 고운 햇살에 반짝인다. 자전거 타기 좋은 날씨다. 안산 호수공원 중앙광장은 이른 시간부터 많은 사람으로 붐빈다. <안산 시화 나래 자전거 대축전>. '지구를 달리는 자전거 세상'이라는 슬로건으로 시화호와 호수공원 주변에서 열리는 축제다. 올해 벌써 다섯 번째다. 자전거를 매개로 한 생명과 환경의 중요성을 배우고 실천하는 장으로, 나래는 날개란 뜻이다. 희망의 날개를 활짝 펴 세계로 도약하라는 의미다. 외발자전거 타기 축하 공연이 펼쳐지는 것으로 축제는 시작됐다. 출발 신호에 따라 여섯 개로 편성된 조별 출발이 순차적으로 이어진다.

---

[*] 2017년 한국교통연구원 발표에 따르면 월 1회 이상 자전거를 이용하는 국내 자전거 인구가 1,300만 명을 넘어섰다.

자전거를 타기 시작한 것은 중학교 입학 무렵이다. 학교에 오가는 교통수단이 달리 없던 시골이어서 30여 리를 자전거로 통학했다. 학교 가는 길목에 '한들'이라는 큰 보(洑)가 있었다. 달래강** 줄기를 막아 만든 보였다. 학교에 가기 위해서는 이 보를 지나야 한다. 한들 맞은편으로 넓은 신작로가 있었지만, 아이들은 그 길을 이용하지 않았다. 신작로는 멀리 돌아서 가야 했기 때문이다. 강을 따라 산자락 아래 있는 좁다란 샛길로 다녔다. 어른들은 샛길로 다니는 것을 싫어했다. 위험해서다. 좁은 길을 타고 가다 미끄러지면 바로 한들 아래로 떨어진다. 가장자리는 그리 깊지 않다고 해도 빠지면 위험했다. 아이들은 어른들의 말을 듣지 않았다. 좁다란 길을 누가 빨리 달리나 내기까지 했다. 자전거를 타고 가다 물에 빠지는 일이 빈번하게 일어났다. 샛길 입구에 높은 시멘트 턱이 생기고 쇠말뚝이 박히고 나서야 아이들은 큰길로 다녔다.

갈대숲으로 시원한 바람이 불어온다. 하얀 갈꽃이 물결처럼 일렁인다. 수변 구역을 따라 자전거의 행렬이 길게 이어졌다. 호수를 따라 만들어진 자전거길이다. 반짝이는 호수에 아름다운 공원이 떠 있다. 반달 섬이다. 시화 MTV*** 단지 내 '반달섬 프로젝트'로 조성된 인공섬이다. 거북섬과 함께 시화호의 레저 스포츠 시대를 열기 위해 대단위 관광 단지로 개발 중이다. 이름 모를 물새가 외발로 서 있다. 시화호는 한때 죽음의 호수였다. 담수화에 실패하면서 자정 능력을 잃었다. 도심에서 흘러온 하천수와 공장폐

** 달천의 다른 이름. 남한강 수계의 최남단에 있는 지류로 길이 약 116km의 하천이다. 충북 보은군 속리산 부근에서 발원하여 괴산군을 지나 충주시 서쪽에서 남한강에 합류한다.
*** MTB(Multi Techno Valley)-첨단 벤처 업종 등 지식 기반 산업을 구축하고, 시화호 수변 공간을 활용한 관광 휴양단지를 조성하여 친환경적 첨단 복합 단지를 조성 하는 사업.

수 등이 원인이었다. 이후 방조제 내 작은 가리 섬에 조력발전소의 건설로 해수가 유입되고, 수질 오염을 막기 위해 꾸준히 노력해온 결과 자연생태를 복원하게 된 것이다.

반환점이다. 초등학생으로 보이는 학생이 앞에 달린다. 페달을 돌리는 힘이 제법 강해 보인다. 완주라는 아름다운 이름표를 달기 위해서는 자신과의 싸움밖에 없다. 쉬지 않고 페달을 밟아 앞으로 나가야 한다. 난 어떻게 살아야 할까 하는 무거운 질문이 생겼던 때가 있었다. <뚜르: 내 생애 최고의 49일>[****]. 한 인간의 뜨거운 삶과 도전 앞에서 일상을 투정하며 힘들어하던 내 삶을 돌아보게 한 영화다. 주인공 윤혁이 야간 자전거 주행 중 서럽게 울던 모습을 지울 수가 없다. 부모님께 죄송하다며, 아버지 어머니가 삶을 마감하는 걸 자신이 지켜보고 싶다고, 윤혁은 한없이 울고 또 운다. 누군가를 떠나보낼 수 있는 상황이 축복될 수 있다는 걸 그때 처음 알았다.

몇 년 전 Bucket list[*****]을 작성해 본 적이 있다. 50여 목록 중 앞부분에 적혔던 것이 전국 100대 명산 오르기와 자전거 전국 일주였다. 실천이 따르지 않는 계획은 의미가 없다. 게으른 내게는 더 많은 산을 올라야 하고, 더 힘껏 페달을 밟는 노력이 있어야 가능한 일이다. 하고 싶은 것은 저절로 이루어지지 않는다. 나태해진 삶에 대해 신중히 고민해 봐야 할 것 같다. 헛되이 보내고 나면 되돌릴 수 없는 오늘이기에 후회 없도록 최선을 다해 살아야

[****] <뚜르: 내 생애 최고의 49일> 0.1% 희소암에 걸린 청년 이윤혁의 뚜르 드 프랑스 정복기. 희소암 판정으로 3개월 시한부 삶을 살고 있던 이윤혁 씨는 뚜르 드 프랑스('프랑스 일주'라는 의미로 매년 7월에 3주 동안 프랑스와 인접 국가를 일주하는 프로 사이클팀들의 도로 자전거 경기) 코스에 도전한다. 그리고 한국인 최초로 49일에 걸쳐 3,500km의 대장정 '뚜르 드 프랑스'를 완주하게 된다. 절망을 희망으로 바꾼 기적의 완주. 26살 청년이 꿈을 이루기 위해 악전고투하는 도전의 시간을 담아낸 다큐멘터리 영화다.
[*****] Bucket list-평생 한 번쯤 해보고 싶은 일, 죽기 전에 해야 할 일들을 적은 목록

한다. 꿈을 이루어 내기 위해 희망을 포기하지 않았던 청년 윤혁. 인내와 열정의 삶을 알게 해 준 그는 떠났지만, 내 가슴에 오래도록 기억될 것이다.

 달리면서 마주하는 끝없는 길의 의미는 희망이다. 오르막길을 힘겹게 오르고 나면 시원한 내리막길이 펼쳐진다. 우리의 삶을 닮았다. 삶이 늘 평탄할 수는 없다. 페달을 돌리는 작은 몸짓에서 세상을 조금 더 긍정적으로 보는 마음을 배워야겠다. 소소하고 평범한 일상이 얼마나 소중하고 행복한 삶인지 다시 한번 생각해본다.

2018. 9

명절이 남긴 것

신종 코로나바이러스 감염증(코로나19)으로 늘어난 일회용품과 포장재 쓰레기가 추석 연휴를 보낸 5일 재활용센터에 산더미처럼 쌓여 있다.

2020.10.5/뉴스1

　추석에 딸이 왔다. 주차장으로 손녀를 마중하러 내려갔다. 못 본 사이 많이 컸다. 돌 지난 지가 서너 달 되다 보니 제법 잘 걷는다. 조금 있으면 과자 사러 가자고 나설 만도 하다. 아니, 그런데 뭔 짐이 이렇게 많아. 아기용 식탁, 욕조, 이불과 옷가지들…. 하루 지내고 갈 텐데 트렁크에 한가득하다.
　요즘 아이들 용품은 거의 일회용이다. 기저귀는 물론 수건, 턱받침, 수저 포크까지도 일회용품을 사용한다. 예전에 아내는 아이들 기저귀를 삶아서 썼다. 아파트 난간 빨랫줄에는 늘 하얀 면 기저귀가 널려있었다. 기저귀 삶는 일은 아이 셋을 키우면서 단 하루도 거르지 않았다. 요즘 신세대 엄마들은 엄두도 내지 못할 일이다. 아기 안는 것도 힘들어 쩔쩔매던 딸, 이제는 먹이고 씻기는 모습에서 제법 아기 엄마 티가 난다. 열댓 번은 됨직한 기저귀 갈아주기도 척척 해낸다. 그래도 아직 목욕만큼은 힘겨운지 엄마 도움을 받는다. 이유식도 데워 먹기 좋게 매끼별로 나누어 플라스틱 통에 담겨 있다. 편리를 좇다 보니 한 번 쓰고 버리는 물건들이 많다. 매번 삶고 닦아 쓸 것이 아니라면 일회용이 더 위생적일 수도 있다. 이렇듯 일회용품을 쓰다 보니 쓰레기 발생이 많을 수밖에 없다. 아이에게 사용하고 버려진 쓰레기가 한나절에 두 봉지나 나왔다.

쓰레기 대란이다. 관리 사무소 앞 분리 수거장에 각종 쓰레기가 넘쳐난다. 가지고 온 과일 종이상자와 빈 병 등 재활용이 가능한 것과 일반 쓰레기를 분리해서 버렸다. 선물로 받은 샴푸와 햄이 담겼던 용기도 각각 제 자루에 넣었다. 이미 폐플라스틱과 종이류, 스티로폼 등이 대형 자루에 가득 담겨 있다. 이 많은 쓰레기가 다 어디서 나온 거야. 해마다 명절이면 쓰레기로 몸살을 앓는다. 올해는 코로나19 사태로 비접촉 소비가 늘면서 일회용 쓰레기 배출량이 유난히 많다. 배달 역시 거스를 수 없는 시대적 흐름이다. 이렇다 보니 플라스틱과 비닐, 종이, 발포수지 등 생활폐기물 발생이 급격히 증가한 것이다. 여기에 추석 명절 선물 포장 쓰레기까지 더해져 쓰레기 대란이 일어났다.

명절이면 다양한 선물 세트가 출시된다. 선물상자 과대포장이 정도를 넘어 소비자를 실망하게 하는 것은 새삼스러운 일이 아니다. 소비자가 봉이 된 느낌이다. 상품의 과한 포장은 쓰레기를 발생시키는 중요 원인이 되고 있다. 포장의 역할을 무시하는 것이 아니다. 상품의 가치를 보호하고 정보 제공 및 구매 욕구를 충족시키기 위해 포장은 필요하다. 과도한 포장이 문제다. 포장용 쓰레기가 급증하는 것이 현실이다. 포장을 간소화한다고 하여 제값을 받지 못하는 것도 아니다. 자원 낭비를 최소화하며 소비자의 불필요한 비용부담을 줄이는 방안이 모색돼야 할 것이다. 과한 포장을 버리고 기쁨과 정성을 전할 수 있는 실속 있는 선물문화가 필요하다.

폐기물 문제가 심각해진 것은 어제오늘의 일이 아니다. 원천적으로 쓰레기 발생 자체를 줄이는 것이 중요하다. 비대면 소비가 불가피한 만큼 가정에서 발생한 쓰레기를 제대로 분리해서 버려야 한다. 재활용 쓰레기를 버릴 때는 이물질이 붙어 있지 않도록 씻은 다음 분리수거를 해야 재활용이 쉽다. 페트병이나 포장 용기의 비닐은 완전히 떼고 플라스틱 부분과 따로 버리는 등 노력을 해야 한다. 무엇보다 중요한 것은 우리의 마음가짐이다. 폐기물 발생 제품을 사용하고 있다면 열 개 중 두세 개라도 편함을 내려놓고 아끼려는 자세가 필요하다. 코로나19 시대에 필수품이 된 마스크도 일회용보다는 면 마스크를 사용하는 불편을 받아들이는 건 어떨까.

딸이 가고 난 뒤 쓰고 버린 기저귀 봉지만 덩그러니 남았다. 아내가 뒷마무리한다. 손녀를 보낸 게 못내 아쉬운 눈치다. 아내를 도와 정리를 마친 뒤 쓰레기를 버리러 가면서 물었다. 딸에게 일회용 대신 천 기저귀를 몇 개 만들어 주는 건 어떠냐고. 외출할 때 힘들면 주말이라도 집에서는 천 기저귀를 쓰게끔 권해 보라 했다. 아이 건강에도 좋을 듯해서다. 일회용도 좋은데 왜 사서 고생시키냐고 아내가 펄쩍 뛴다. 쉬운 일은 아니다. 하지만 누구라도 먼저 시작해야 한다. 작은 것부터 바꾸어야 한다. 불편이 따르겠지만 지금 노력하지 않으면 늦을 수도 있다. 지금은 참을만한 불편이 미래에는 참을 수 없는 큰 불편함으로 다가올지도 모른다. 편한 습관을 내려놓고 환경을 생각해보는 마음이 절실하다.

2020. 10

갯벌 속의 진주를 만나다

　목포 여행 중, 1300년대 무역선을 보기 위해 국립해양유물전시관을 찾았다. 전시관 앞에 대형 주낙 목선이 눈길을 끈다. 그 옆으로 돛이 없어 스스로는 움직이지 못해 멍텅구리라는 별명이 붙은 현종호가 관람객을 맞는다. 전시관은 지하 1층의 기획전시실과 체험관, 1층의 한국과 아시아의 해양 교류, 2층의 한국과 세계의 배라는 세 개의 주제로 구분되어 있다. 전시관 입구 안내데스크에서 디지털 전시 안내기를 무료로 대여해 준다. 안내기는 일일이 조작할 필요 없이 해당 전시장 앞에 서면 자동 인식하여 유물에 관해 설명해 준다. 관람은 시각적 감상이 주를 이루는 기존 방식과 달리, 청각과 유물 발굴작업 체험이 가능한 시뮬레이션 장치까지 다양하게 구성되어있다. 벽면은 물론 바닥까지 상영되는 미디어는 마치 바닷속에 들어온 느낌을 준다. 특히 신안 해저 발굴의 이해를 돕는 2전시실의 애니메이션 영상이 흥미롭다.
　전시실에 11~12세기 고려청자 운반선인 십이동파도선과 완도선, 그리고 2만 7천여 점의 도자기와 각종 공예품이 전시됐다. 눈

높이에 맞춘 유물 진열장의 공간 배치가 섬세하다. 전체적으로 어두운 관람 동선의 조명은 오히려 유물에 집중할 수 있게 해 준다. 금방이라도 옥빛 물이 흘러 내릴 듯한 국화 무늬 분청사기가 시선을 잡는다. 청자 모란 무늬 꽃병과 기린 모양 향로 뚜껑, 저장용 항아리 등이 가지런히 놓였다. 대부분 깨지지 않은 원형 그대로의 모습으로 보존 상태가 양호하다. 새끼줄과 각목을 이용하여 도자기를 포장해 놓은 것은, 어릴 적 달걀 꾸러미를 보는 듯 정겹다.

아시아 최초로 수중 발굴 복원된 신안선은 지하층에 전시되어 있다. 신안선은 1323년 일본으로 가던 중 신안 앞바다에서 침몰한 중국 원나라의 무역선이다. 1975년 5월 한 어부가 신안군 지도면 도덕도 앞바다에서 청자 유물을 발견하면서 세상에 알려졌다. 오랜 시간 지역에서 소문으로만 떠돌던 보물선의 실체가 확인되는 순간이다. 이후 1984년까지 10여 차례에 걸쳐 발굴이 이뤄졌다. 바닷속 갯벌에 묻혀 있던 신안선은 통째로 인양이 불가능했다. 700여 년 만에 건진 배의 파편 720여 개를 지상으로 옮겼다. 나무 파편마다 구획 위치를 적고 배의 실측도를 작성한 후. 약품으로 보존 처리된 파편을 구조물에 하나하나 이어 붙였다. 2004년 6월, 드디어 240톤급 목제 범선이 그 자태를 드러낸다. 발견한 시점부터 약 30년이 걸렸다. 배 앞머리와 꼬리의 V 곡선과 중앙 용골의 유선이 선명하게 연출 되었다. 추정 크기 30여 미터로 실제 바닷속에서 발굴할 때 모습 그대로다.

신안선은 완벽한 재현을 하지 않았다. 나무판자가 남은 부위는 침몰하면서 갯벌에 파묻혀 있던 부분이고, 철재 뼈대만 있는 부위는 바다에 노출돼 형체가 없이 사라진 부분이다. 바닷속에서 보였던 부분은 시간이 지나면서 해류에 소실돼 보이지 않게 되고, 오히려 보이지 않았던 부분을 지금 보는 것이다. 유무의 경계가 갯벌을 기준으로 동시에 존재하며, 바닷속에 잠겨 있던 잃어버린 시간을 상상하게 한다. 묵화처럼 남겨진 여백이 긴 여운을 준다. 풍요와 두려움이 공존하는 바닷속 갯벌. 같은 시간에 존재할 수 없었던 노출된 부분과 묻혀 있던 부분, 신안선이 눈앞에 있다. 부서진 건 부서진 채로, 남은 건 남은 채로.

2022. 11

계방, 그 품에 안기다

　처음이라는 말은 언제 들어도 설렌다. 매일매일 특별한 것 없는 일상에 '새해'라는 이름표를 달아주며 맞이한 해 오름 달, 그 첫 휴일에 산행을 나섰다. 계방산(桂芳山)을 향한 길이다.
　고불고불 비탈길을 올라 맞이한 고개. 오늘 산행의 출발 장소인 운두령(1,089m)이다. 항상 운무가 넘나든다고 하여 운두(雲頭)라는 이름을 얻었다. 국내에서 자동차로 갈 수 있는 가장 높은 고개는 만항재(1,330m)다. 산사람들에게는 함백산 들머리로 익숙한 곳이다. 그러나 만항재는 정선과 태백을 잇는 지방도(414호)를 타고 넘는다. 국도(31번)가 지나가는 고개로는 이곳 운두령이 가장 높은 셈이다. 새해 희망을 품기 위한 발길들이 산마루를 가득 메웠다. 산이 덩치를 키울 때 흙 한 줌 보태주지 않은 나도 그 품에 발을 내민다. 등산로 초입은 완만한 편이지만 바닥이 얼어 있어 제법 미끄럽다. 정상(1,577.4m)으로 향하는 오름길 4,100m. 결코, 짧지 않은 거리다.
　깔딱고개를 넘으면서 이마에 땀방울이 송골송골 맺힌다. 거친 숨결로 한 발 한 발 내딛지만 만만한 걸음이 아니다. 산행하다 보면 한 번의 깔딱고개로 끝나는 오름길은 없다. 대부분 몇 번의 된비알을 올라야 한다. 한 고개만 넘으면 곧바로 정상에 오를 것 같지만 이내 다른 고개가 기다린다. 우리네 삶이 산행을 닮았다는 생각을 해본다. 수없이 반복되는 시련 속에서도 다시 일어나서 걸어야 한다. 삶의 무게에 짓눌려 몸부림치면서도 쉼 없이 걸어야 하는 이유다.

정상에 오르니 소 등 같은 백두대간의 줄기가 한눈에 들어온다. 등성이에 엷게 쌓인 눈이 멋들어진 경치를 만들어 놓았다. 멀리 설악이 자리하고 있는 북쪽 봉우리에서 노인봉과 대관령으로 이어지는 산줄기가 길게 이어져 있다. 고개 들어 바라보는 등성이 어느 곳 하나 절경 아닌 곳이 없다.

산을 오를 때만 해도 정상부의 눈꽃을 기대했다. 평년을 웃도는 따스한 기온 때문일까. 겨울 산의 진수인 주목과 산철쭉에 피어있어야 할 상고대가 보이지 않는다. 순백의 향연을 기대했던 발걸음에 아쉬움이 남는다. 웅장한 백두대간의 넘실거림을 가슴에 품는 것으로 미련을 달랜다. 한 무리의 사람들이 이 순간을 영상으로 남기기 위해 나무 밑으로 모여든다. 우리는 우리가 아는 것보다 아주 사소한 것에서도 행복을 느낀다. 아름다운 추억 한 장이 인생 갈피에 소중하게 끼워지는 순간이다.

2017. 1

비밀의 숲

 간척 사업으로 만들어진 인공 호수 시화호. 고인 물이 오염되면서 자연 파괴의 대명사로 인식되던 호수가 되살아나기 시작했다. 오염원 차단과 조류를 이용해 바닷물이 드나들게 하는 등 다양한 노력 끝에 놀라운 회복력을 보인 것이다. 시화호는 북방에서 먼 거리를 날아온 철새들의 중간 기착지이자 휴게소 역할을 톡톡히 한다. 매년 수만 마리의 새가 날아온다. 호수 상류에는 100만㎡가 넘는 생태공원이 있다. 국내 최초이자 최대의 인공습지인 안산 갈대 습지 공원이다. 수초에 의한 호수의 자정 기능과 야생동물들의 안식처를 마련해 주기 위해 만들었다. 잘 가꾸어진 갈대와 다양한 동식물의 생태가 어우러져 사계절 아름다운 경관을 이룬다.

 지난봄, 갈대숲을 거닐다 알을 품고 있는 새를 보았다. 둥지는 나무 위가 아닌 갈대 사이 물 위에 지어졌다. 풀과 이끼류를 이용하여 접시 모양으로 만든 수상 가옥이다. 보금자리의 주인은 분홍빛 부리와 두 갈래의 짙은 갈색 도가머리를 한 뿔논병아리다.

독특한 구애 동작인 하트 춤으로 많이 알려진 새다. 번식기에 머리 깃털로 부채 모양을 만들고 긴 목으로 상대를 유혹 한다. 대부분 야생조류가 그렇듯 알을 품고 있는 어미는 둥지를 거의 비우지 않는다. 천적으로부터 알을 지키고 체온을 나눠줘야 하기 때문이다. 꿈쩍을 하지 않던 새가 몸을 일으켜 날갯짓하더니 잠시 자리를 비운다. 운 좋게도 그 틈에 둥지 속을 엿보았다. 3개의 엷은 청색 알이다.

그날 이후 둥지를 보기 위해 자주 갈대숲을 찾았다. 새가 알아채지 않도록 멀리 떨어져서 둥지를 살폈다. 아무도 모르는 비밀의 장소가 생긴 것이다. 누구에게도 둥지의 위치를 말하지 않았다. 그것은 나만 보고자 하는 욕심이 아니라, 알을 지켜주고자 하는 나름의 배려에서다. 몇 주 후 새끼들이 보였다. 두 마리다. 뿔논병아리의 새끼 기르기는 특이하다. 대부분 수컷이 새끼들을 등에 태우고 수초 사이를 누비고 다닌다. 그러는 사이 어미가 물고기를 잡아 와 새끼를 먹인다. 이때 어미는 자신의 깃털을 뽑아 먹이기도 한다. 새끼 배 속에 소화되지 않고 남은 물고기의 뼈가 깃털에 엉겨 붙어 토해낼 수 있도록 하기 위해서다. 어릴 땐 업고 다니며 먹이를 입에 넣어 주지만 조금 자라면 물 위에 띄워 놓는다. 등에서 내려와 어미를 따라다니는 어린 새끼들의 모습이 앙증맞다. 아쉽게도 새끼들이 고기를 잡는 모습을 보지는 못했다. 어미가 데리고 다니며 물고기 잡는 걸 돕는다고 하니 금세 먹이사냥을 할 것이다. 사람이나 동물이나 자식 사랑에는 별반 차이가 없어 보인다.

갈대숲으로 노을이 내려앉는다. 긴 검은색 눈선 아래 흐린 줄

무늬가 있는 오리 떼가 유유히 헤엄쳐 내려온다. 홀로 떨어져 자맥질하는 놈도 보인다. 불볕더위가 기승을 부리는 요즘, 둥지 근처에 뿔논병아리 가족은 보이지 않는다. 새끼가 많이 자라서 호수 멀리 까지 간 걸까. 탈 없이 잘 지내야 할 텐데. 살아남기 위한 생존의 문제를 넘어 자연과 어울리는 공존의 삶을 생각한다. 내년 봄, 숲에 둥지를 짓고 알을 품는 뿔논병아리를 볼 수 있길 고대하며.

2021. 8

「작품해설」

은유로 빚은 오래된 삶의 강을 바라보며
-박태희 수필집 『설움도 그리움이 된다』를 중심으로

강미애 (평론가)

1.

　자연이 여행을 떠나지 않는 것은 자연은 고갈을 모르기 때문이다. 언젠가 고갈되는 것은 우리다. 어제 먹은 밥을 오늘 다시 먹고, 어제 잤던 잠을 오늘 다시 잔다. 반복 사이에서 새로워지는 것은 우리 안에서 오글거리는 잗다란 근심들이다. 근심은 꾸역꾸역 몰려와 마음에 머물면서 존재를 갉아먹는다. 우리는 존재의 내부에서부터 서서히 갉아 먹힌다. 존재는 한없이 가벼워지고 대신에 우리 안의 권태와 환멸은 뚱뚱해져서 제 무게를 이기지 못하고 마침내 심해로 가라앉는다. 그것이 어둠인 줄도 모르고 우리는 그 안에 오래 머물러있다. 그때 어디선가 우리를 부르는 소리가 들린다. 그것은 커다란 목소리가 아니다. 작은 속삭임이다. 오래된 삶의 강에서 들리는 아주 낯선.

저자 박태희는 수필문학으로 2019년 천료 등단하여 지금까지 꾸준히 문학수업을 하면서 작품활동을 활발히 이어가고 있는 작가이다. 등단 이후 각종 공모전 수상 및 문예지에 좋은 작품으로 시선을 끌다가 이번에 첫 수필집『설움도 그리움이 된다』를 출간하게 되었다.

인간의 성품은 태어날 때부터 만들어진 것인지, 태어나서 형성되는 것인지는 단정 지을 수 없다. 어찌 보면 태어날 때부터 이미 기본적 요소가 주어져 있는 것 같기도 하고 또 한편으로는 태어날 때는 백지상태이나 성장하는 과정에서 환경과 교육에 의해 결정되는 것도 같다. 저자 박태희의 성품은 生來的으로 선한 성품을 타고난 듯하다. 항상 반듯한 모습으로 말수가 적지만 무엇이든 해야 한다는 책임감으로 가득 차 있다. 이해 촉진적이며 문학적 측면에서도 지극히 감상적이다.

이번 수필집은 그의 첫 작품집으로 그간 발표한 작품 48편을 모았다. 자기 현시와 위장이 극심한 시대일수록 진솔한 자기 고백은 친근함과 인간미를 느끼게 하여 한없는 공감의 세계로 이끈다. 문학은 고뇌의 산물이어야 한다. 그런데 오늘날 우리 문학은 농사를 지어보지 않고 흙의 이야기를, 공장 담만 넘겨다보고 근로자 이야기를, 나무 한 그루 가꿔보지 않고 환경 이야기를 쓰고 있다. 수필이 자기 체험의 진솔한 고백이라면서 체험도 고뇌도 없는 안일과 무사에서 얻은 얄팍한 느낌을 마치 대단한 경이와 충격인 양 내뱉고 있는 것이다. 이런 측면에서 볼 때 박태희의 자기 고백은 조금도 거부감이나 위화감을 느낄 수 없는 진솔한 매력을 느끼게 한다.

Ⅱ.

  좋은 수필을 쓰는 데 있어서 풍부한 감성은 기본적이고도 필수적인 조건이다. 감성(感性)이란 우리 안에 내재되어 있는 감각이나 지각 등에 의하여 어떤 사물이나 경험, 내적 체험, 인상 등을 느끼고 받아들이는 힘을 말한다. 다시 말해 어떤 것을 보고 느끼고 겪은 것들을 영적으로 받아들이거나 표현하는 능력을 의미한다. 문학예술은 이러한 감성에서 비롯된다. 감성이 풍부해야만 문학예술을 보다 잘 해낼 수 있다. 특히 수필은 '감성의 문학'이라고 할 정도로 풍부한 감성이 많이 요구된다. 감성이 풍부해야만 온갖 사물이나 경험 등을 다양한 시각으로 바라볼 수 있고 풍요로운 정신세계를 펼칠 수 있으며 섬세하고도 아름다운 표현을 할 수 있다.

  박태희 수필집 『설움도 그리움이 된다』의 수필세계는 진실한 정(精)의 세계다. 어떤 사물이나 사건이든 그의 눈과 가슴을 거치면 진솔하고 따뜻한 감성으로 표현된다. 남달리 여유롭게 사유하는 심성은 체질적으로 타고난 것 같다. 또한 그의 수필 소재는 무엇이든 포용되고 의미화된다. 고향과 가족에 대한 애틋함은 물론 자연과의 소통도 남다르다. 나뭇잎과 만나는 바람 소리, 한 포기 나풀거리는 들풀의 자태, 날아가는 새의 날갯짓, 산을 오르며 자연을 느끼고, 가냘프고 연약한 별스럽지도 않은 것들에서 그는 영감을 얻고 속삭임을 듣는다.

 수필은 문장의 문학으로 간결성과 참신성, 솔직성을 생명으로 한다. 저자의 글은 이러한 패러다임에 크게 벗어남이 없다. 어법으로나 용어 사용에서 어색함이 없고 개연성이 확연하며 상황묘사가 사실적이다. 또한 전문용어를 문장에 뒤섞지 않음도 장점이다. 그의 언어는 시중에 나돌아 때가 묻을 대로 묻은 진부한 언어나 지나친 수식적 언어가 아닌 진정성 있는 문학 용어의 차용이 돋보인다.

 그의 수필집 주제는 어머니와 가족에 대한 사랑, 고향에 대한 추억, 순수한 자연과 생명에 대한 관심, 사회적 인식과 현실 참여 등으로 구분 지을 수 있다. 실제 인상 깊은 작품을 통해 구체적으로 살펴보기로 한다.

 첫째, 그의 수필에는 깊고 진한 가족의 사랑과 이해가 담겨있다. 「설움도 그리움이 된다」에서 저자는 반짇고리에서 골무를 꺼내는 아내를 바라보며, 어릴 적 어머니가 바느질하던 모습을 떠올린다. 광목 몇 장을 포개어 소박하게 만든 어머니의 골무는 화려하지 않았다. 더구나 보통의 골무보다 뭉텅한 모양새다. 저자의 어머니는 여물을 썰기 위해 작두질하다가 둘째 손가락을 다쳤다. 상처가 아물면서 뭉툭해진 손가락은 일반 골무에는 들어가지 않았다. 그럼에도 어머니는 볼품없지만 투박하고 뭉텅한 골무를 오래도록 아끼며 사용했다. 잠들어 있는 자식들의 숨소리를 들으며 구멍 난 양말을 깁고 해진 무릎에 천을 덧대며 밤을 보냈을 어머니. 한 번도 바늘이 되어 보지 못한 어머니는 평생 자식들의 골무였다는 표현이 애잔하다.

  나는 언제나 바늘이었던 것 같다. 골무 속에 숨어 바늘을 키운 채 찌르기만 한 삶. 찌르기에 급급해 단 한 번도 골무인 적이 없었다. 오히려 상대에게 골무를 끼울 시간조차 주지 않고 바늘을 밀어 넣은 적이 많았다.
  뾰족한 것을 보면 바늘 생각이 난다. 그 뒤를 골무가 따른다. 온통 일그러진 모습으로. 아픔을 온전히 알지 못하면 상대를 받아들이지 못한다. 바늘에 찔리는 아픔을 골무는 알고 있다. 그러기에 자신을 내어 주어 손가락을 감싸고 품을 수 있는 것이다. 세상에 아물지 못할 상처는 없다고 한다. 그렇더라도 굳이 상처를 만들 필요는 없다. 서로가 서로에게 골무가 되면 상처는 생기지 않을 것이다. 얼마나 더 바둥거려야 여물어질까. 얼마나 더 찔림에 설움 받고 나서야 골무의 마음을 헤아릴 수 있을까.

- 「설움도 그리움이 된다」 중에서

  어머니에 대한 그리움은 「옹이를 품다」에서 더욱 간절해진다. 나무도 사람도 꺾인 곳은 아프기 마련이다. 꺾인 아픔은 안으로 숨어들지만, 더는 숨을 수 없어 터질 듯 튀어나온 상처는 옹이가 된다. 어머니에게 자식들은 옹이였다. 간혹 기쁨일 때도 있지만, 대부분 근심덩어리로 상처를 만들어 낸다. 그 수많은 옹이로 인해 어머니의 삶은 한평생 고통의 연속일 수밖에 없었을 것이다. 어머니의 당부대로 살지 못한 것 같다고 고백하는 저자의 소회가 애달프다.

  몸집이 말만 해 질 무렵, 아들에게 하던 어머니의 당부는 잔소리가 되어 귀를 막았다. 사실 어머니는 자식들 공부를 제대로 시키지 못한 것에 늘 마음 아파했다. '새끼들 공부 하나 제대로 가르치지 못한 숭헌 팔자에.' 이 말은 어머니의 넋두리가 되다시피 했다. 어머니가 알고 있는 가장 상급학교는 중학교였다. 그도 그럴 것이 아들딸 여섯 중 중학교를 보낸 것이 가운데 아들 하나뿐이었으니. 학교에 보내 달라고 몇 날 며칠을 울며 떼쓰는 넷째의 고집은 어쩌지 못했다. 나머지 다섯은 초등학교도 다니는 둥 마는 둥 졸업장을 겨우 얻었을 뿐이었다. 그것이 평생 한이 되었다. 어느덧 내게도 세월에 저항한 흔적으로 주름이 늘어나고, 눈이 침침해지는 나이가 되었다. 내 자식이 그때의 나보다 더 커버린 지금에야 어머니의 말을 가슴에 새긴다. 덩치가 커가는 아들에게 한 번도 아쉬운 소리를 못 하던 어머니. 그때 그 말이 속으로 삭여오던 많은 옹이 중 하나를 겨우 꺼낸 거란 걸 아는데 오랜 세월이 흘렀다. 중학 물이라도 먹은 네가 형제간 우애 있게 잘 지내야 한다는 말을 곱씹어 본다.

-「옹이를 품다」 중에서

  우리는 부모가 되어서야 부모님의 마음을 이해한다. 저자의 초등학생 아들이 유리체절제술 후 안구 안쪽에 기름을 주입하여 망막을 유착시키는 수술을 했다. 면역력 결핍, 가족력…. 이후 예후가 좋지 않아 세 번의 수술이 더 했다. 저자는 아들의 눈이 무사하기를 간절히 빌며 소원했다.

  저자의 부친은 간경화와 지병인 당뇨 합병증으로 앞이 보이지 않았다. 그럼에도 어린 저자가 학교에서 돌아오는 시간이면 돌배나무까지 마중을 나온 것이다. 중학교 3년 동안 하루도 아들의 마중을 거르지 않았던 아버지. 그땐 몰랐다. 언제나 자신을 마중 나오던 아버지의 마음을.

어느덧 아버지가 살았던 날보다 더 많은 세월을 살고 있는 저자. 아이들을 키우면서 깨닫는다. 방황하는 아들의 철없는 행동이 아버지 가슴에 얼마나 큰 상처가 되었는지를. 단 하루만이라도 옛날로 돌아갈 수 있다면 돌배나무 아래 웅크리고 앉은 아버지 품에 안겨 실컷 울고 싶다는 저자의 마음이 회한으로 가슴을 친다.

어느덧 아버지가 살았던 날보다 더 많은 세월을 살고 있다. 아이들을 키우면서 알았다. 방황하는 아들의 철없는 행동이 아버지 가슴에 얼마나 큰 상처가 되었는지를. 아들의 목소리를 듣는 것으로 보이지 않는 서러움을 달래던 아버지 마음을 이해했어야 했다. 교복을 입고 사립문을 나서는 아들을 한 번만이라도 보고 싶어 했을 간절함을 알았어야 했다. 배나무로 향하는 한 걸음 한 걸음이 절망의 날들을 버틸 수 있게 하는 힘이었을 것이다. 그 걸음을 가볍게 해 드려야 했었다. 보이는 것이 다가 아니다. 눈으로 보는 것보다 더 많은 것을 마음으로 볼 수 있다는 걸 알았다. 못 본 척 지나가는 아들을 아버지는 보고 있었는지도 모른다. 부모 된 도리를 한다는 것이 힘겹다. 아버지로 산다는 건 아들로 살았던 시절에 대한 빚을 갚아나가는 것이다. 좋은 아버지의 삶이 내겐 눈물겨운 사치일지 모른다. 나는 아들이 오는 길목에 앉아 얼마나 많은 시간을 기다려 줄 수 있을까.

- 「아버지로 산다는 건」 중에서

부부로서 오랫동안 함께 한 아내에 대한 애틋함과 미안함을 작품으로 표현한 「내려놓기」. 마취에서 깨어나기 위해 수면실에 누워 있는 아내. 곱던 얼굴에 주름이 많이 생겼다. '솔잎도 지는 때가 있고 곧은 대도 굽는다'고, 변치 않을 줄 알았는데 희끗희끗한 머리도 제법 보인다. 의사는 출혈 흔적이 선명한 사진을 보여 주며 자세한 것은 조직 정밀검사 결과가 나오면 알려 주겠다고 한다. 지친 몸이 아픈 소리를 하는데도, 곰 같은 아내가 알아채지 못하고 지낸 것이다.

　검사 결과가 나오길 기다리는 10여 일, 병명은 궤양성대장염이다. 긴 세월 혹사한 몸이 제 고달픔을 견디지 못하고 문제를 일으킨 것이다. 앞으로 아내와 살아가는 동안에 사랑하고 그리워해야 할 것이 많다는 것을 새삼 느끼며, 더 많이 이해하고, 감사할 줄 아는 삶을 살아야겠다고 다짐한다.

　특별하게 얻은 것 없어 보이는 평범한 일상들이 모여 행복을 만든다. 많은 사람이 관심이 있는 말이 '행복'이다. 행복을 좀 더 많이 느끼며 살아갈 수는 없을까. 욕심을 내려놓고 마음을 비워야 한다지만 잘되지 않는다. 내려놓는다는 것은 마음을 비우는 것이다. 현실 도피나 포기가 아니다. 바라는 마음, 얻고자 하는 욕심을 줄이자는 의미다. 그것이 소극적으로 살아야 한다는 의미는 더욱 아닐 것이다. 무언가를 바라고 그것을 얻기 위해 열심히 살아가는 것은 바람직하다. 스스로 감동할 정도로, 돌아보아도 후회하지 않을 정도의 노력은 필요하다. 그러나 살다 보면 자기 능력의 한계가 드러날 수도 있다. 그럴 때 요행을 바라게 된다. 힘들이지 않고 자신의 역량 이상의 것을 원하는 것은 욕심이다. 적은 노력으로 더 많은 것을 얻으려 하는 어리석음을 버려야 한다는 것이다. 만족할 줄 아는 겸손한 삶을 다짐한다. '사람의 괴로움은 끝없는 욕심에 있다. 자기 분수에 맞게 만족할 줄 안다면 마음은 항상 즐겁다. 행복이란 쫓아가서 구할 것이 못 된다. 다만 즐거운 표정과 웃음을 늘 띠고 있음으로써 복이 들어오는 근본으로 삼아야 한다.'는 채근담의 구절을 다시금 생각해 본다.

- 「내려놓기」 중에서

결혼은 '나'라는 단어 대신 '우리'라는 단어를 사용하는 것이다. '나'는 '우리'로, '나에게'는 '우리에게'로, '나의'는 '우리의'로 바꾸는 것이다. 결혼은 두 사람이 평생 남편으로서, 아내로서의 책임과 의무를 다하겠다는 약속이다. 그래서 부부관계의 유지는 사랑만으로는 이루어질 수 없고 다른 어떤 관계보다도 더욱 부단한 노력이 필요하다. '사랑해'라는 말 한마디는 결혼 전보다 결혼 후에 더 필요하지 않을까 싶다.

지나왔다는 것은 잘 견디었다는 의미다. 남겨진 흉터들을 되새김하면서 견뎌 온 시간을 퇴고해가는 게 늙음인가보다. 모기 쫓듯 불규칙하게 내젓는 손사래에 적당히 낡아 가고, 마시던 맥주보다 더 미지근한 시간마저도 감사한 것을 보면. 세상에 이른 뉘우침은 없다. 언제나 후회 다음에 온다. 더 늦기 전에 아내에게 감사와 고마운 마음을 전해야겠다. 홀로 감당해야 했던 육아의 시간을. 출산과 모유 수유로 인한 빈혈로 길거리에서 쓰러진 아린 상처에 대하여. 정작 자신은 돌보지 못한 허기진 날들의 상실감과, 힘든 시기를 잘 견디어 온 것에 대해. 아무것도 해 준 것이 없는 부족한 남편을 용서해 달라고.

- 「섬을 바라보며」 중에서

둘째, 그리운 고향에 대한 따뜻한 애정과 관심이다.

저자는 어린 시절의 고향에 대한 기억이 남다르다. 때문인지 고향에 대한 작품이 많다. 그에게 고향은 세월의 틈새로 힘겨울 때마다 떠오르는 따스하고 온기 가득한 시간이다.

해가 가장 늦게 뜨고 가장 먼저 지는 작은 산골 마을. 논골, 밤나무골, 미나리골의 골짜기가 내려와 맞닿은 20여 가구가 모여 사는 작은 마을이 그의 고향이다. 동네 입구 야트막한 구릉 위에는 커다란 느티나무가 있다. 골짜기들과 어울려 한 폭의 그림 같은 풍경을 만들며, 오랜 세월 마을을 지켜온 나무다. 아침이면 사랑방 군불 연기가 햇살을 앞질러 산비탈을 기어오르는 곳. 노루꽁지만한 햇살이 산으로 숨어드는 저녁이면, 밥 짓는 부엌보다 쇠죽솥에 지펴진 솔가지 타는 냄새가 골목으로 구수하게 풍겨 나오는 저자의 고향 마을에 대한 기억이다.

산골 마을의 추위는 다른 곳에 비해 더 빨리 찾아온다. 언제나 싸락눈이 먼저 바람을 타고 도랑으로 곤두박질친다. 아이들은 도랑의 얼음에서 썰매를 타고 놀았다. 곧게 자란 소나무 가지에 굵은 철사를 박아 만든 썰매는, 겨울을 보내는 아이들에게 소중한 놀이기구다. 썰매놀이에 지친 날이면 구슬과 딱지치기로 짧은 하루를 보낸다. 함박눈이 내려 쌓이는 날에는 볼이 빨개지도록 추운 줄도 모르고 비료 포대를 타고 논다. 느티나무 아래는 눈 놀이하기에 좋은 장소다. 꽃 내음이 게으름 피며, 다른 곳에 비해 두서너 발 늦게 골짜기로 스미어들 때까지, 산골의 겨울은 길게 이어진다.

– 「느티나무」 중에서

도랑의 물은 말라갔다. 도랑에 상수관이 묻히고 그 위에 시멘트 포장으로 길을 넓혔다. 우물이 집 안으로 들어오면서 사람들은 편리해졌다. 하지만 이웃이 차츰 멀어지고, 사람 사는 정이 사라졌다. 고향이 그리운 새색시의 마음은 여전히 젖어 있건만, 빈 하늘 바라보며 향수를 달랠 안식처를 잃어버렸다. 붉기도 전에 앵두를 떨구던 아이들의 웃음소리도 더 이상 들을 수 없게 되었다. 살구나무 가지에 새순 돋는 계절이 오면 우물이 그리워진다. 무심한 세월이 인생 반백 고개를 넘게 만들어 버린 지금, 우물은 빛바랜 추억으로 남아 있다.

- 「우물에 관한 소묘」 중에서

    귀향은 사회적 이동을 불러왔던 도시 산업화의 산물이다. 고향을 떠나 맞이한 일상의 각박함에서 차츰 잃어가고 있는 자신의 참모습을 찾으려는 것이다. 자본에 편승한 개인주의 사회에서 소외당하고 있는 인간의 정체성을 찾아가려는 몸짓일지도 모른다. 돌아가야 한다는 당위와 갈 수 없는 현실의 괴리 속에서 고향은 애달픔으로 추억된다. 세월이 모든 걸 희미하게 만든 지금 우리의 몸은 멀리 떨어져 있지만, 마음은 자꾸 고향을 향한다. 평소 잠재해 있던 고향 의식이 수시로 되살아나 귀향 본능을 깨우는 것이다.

    시간과 공간, 마음이 불가분의 관계로 형성된 하나의 세계가 고향이다. 고향에 대한 의미는 사람 따라 많은 부분 퇴색되고 변한 것이 현실이다. 시골에서 자란 후 도시로 나와 정착한 사람은 농촌과 도시를 모두 경험했다. 그들에게 고향은 그리움이 깃든 곳으로 존재한다. 마음속 깊이 어린 시절의 추억을 간직하고 있다. 실제 그렇지 않더라도 늘 양지바른 곳에 아름다운 초가집을 떠 올린다. 울타리에 나팔꽃이 피어나고 지붕 위에는 호박넝쿨이 자란다. 사립문 옆 화단에 분꽃과 봉숭아도 정겹게 피어난다. 하지만 도시 삶에 익숙한 사람에게는 쉽게 받아들여질 수 있는 곳이 아니다. 그들에게 시골은 불편한 공간이다. 낭만이 깃든 곳으로 다가오지 않는다. 고향을 잊지 못하고 향수에 젖는 것을 이해할 수 없는 이유다.

- 「고향 바라기」 중에서

셋째, 그의 수필에는 사회 부조리에 대한 인식과 현실 참여의 정신이 담겨있다.

아이들은 부모의 소유물이 아니다. 아이들은 어른에게 이해받아야 할 대상이지, 자신의 감정과 생각을 억누르고 어른의 눈치를 살펴야 할 존재가 아니다. 아이들이 자율적인 인격체임을 인정하는 것이 급선무다. 존중받은 아이가 타인을 존중할 줄 알며 책임 있는 생활을 할 것이다.

아동 인권은 기본적인 권리 중 하나이고 그 권리를 지켜주는 것은 어른들의 몫이다. 아이의 존재는 무엇보다도 소중하고, 아이는 사랑받아 마땅하다고 생각하는, 그저 아무 말 없이 아이를 안아주는 세상. 아이들을 향한 마음의 문을 활짝 열어놓는다면 그리 어렵지 않을 것이다.

최근, 입양아를 학대해 숨지게 한 사건들이 연이어 알려지면서 충격을 주고 있다. 입양은 부모가 될 사람에게 엄격한 기준이 충족되어야 이루어진다. 육아에 필요한 적정 수준의 재산과 직업, 일정 시간의 소양 교육까지 이수해야 하는 등 입양특례법이 정한 요건을 모두 갖추어야 한다. 이러한 까다로운 절차를 거쳐 입양이 이루어짐에도 입양아에 대한 학대는 끊이지 않고 있다. 입양은 결코 쉬운 일이 아니다. 순수한 마음에 입양하였다가 얼마 되지 않아 파양하는 건 그만큼 힘들다는 방증이다. 낳은 정 못지않은 게 기른 정이라지만 사실 말처럼 간단한 문제가 아니다. 입양해 보지 못한 내가 그들의 삶을 거론하는 게 외람된 것 같아 조심스럽기는 하다. 각자 사연 있는 보따리를 안고 살아가겠지만, 아이를 학대하는 데까지 이르면 문제는 달라진다. 가족은 함께 사는 것만으로도 될 수 있지만, 서로 이해하고 지지하며 감싸주는 꾸준한 노력과 사랑이 있을 때 진정한 가족이 된다.

- 「떫음이 달콤을 만들다」 중에서

　가난 구제는 밑 빠진 독에 물 붓기라는 말을 믿었던 때가 있었다. 그 시절 이 말에 대한 저자의 믿음은 확신에 가까웠다. 구걸에 대한 견해도 사뭇 다르지 않았다. 걸인에게 향하는 작은 온정이 걸인을 해칠 수도 있다고 생각했다. 불쌍하고 안쓰럽게 생각하여 그저 받아주면 상황을 악화만 시킬 뿐, 어설픈 도움이 오히려 그들을 망칠 수 있다고 믿었던 것이다. 알량한 동정심이 자기만족을 느끼게 해 줄 수는 있어도 그것은 그들이 스스로 자립할 기회를 빼앗는 위험한 짓이라고. 하지만 제법 오랜 시간을 살고 나서야 알았다. 걸인이나 노숙자에게 동정을 표시하는 것은 밑 빠진 독을 마음의 연못에 던져 넣는 사랑의 실천이라는 걸.

　남을 돕는 것은 단순히 어려운 사람을 돕는 것이 아니라 상대를 이해하는 마음에서 시작한다. 누구나 쉽게 할 수 있을 것 같지만 아무나 할 수 있는 일이 아니다. 다른 사람의 인격을 존중하고 스스로 다가선 마음으로 도움을 준다는 게 그리 쉽지만은 않다. 사람 사이의 어울림은 진심에 바탕을 둔다. 머리를 숙이고 이웃과 더불어 사는 삶이 몸에 배도록 노력해야 하는데 그게 말처럼 잘되지 않는다. 겨자씨만 한 불씨 하나가 산더미 마른 풀을 다 태울 수 있듯이 작은 나눔들이 풍요로운 삶을 만들어 낸다. 세월이 지날수록 따뜻한 나눔의 멋이 그리워진다.

- 「사람꽃」 중에서

  저자는 결혼을 앞둔 큰딸을 위해 모두 모여 저녁을 먹기로 했다. 이틀 전에 예약하고 메뉴를 주문해 놓았다. 그런데 당일 회사에 급한 일이 생겼다. 약속을 지킬 수 없는 상황이 된 것이다. 외식은 흐지부지 없던 일이 되고 말았다. 급한 일을 마무리하고 늦은 퇴근을 하면서 부재중 전화가 온 걸 알았다. 음식을 준비하고 기다리던 식당에서 여러 번 전화했지만 받지 못했다. 정신없는 와중에 식당 예약을 취소하지 않은 것이다. 전화를 걸어 사정을 이야기하고 양해를 구했지만 이미 엎질러진 물이다. 그리고는 미안한 마음에 그 식당을 다시 가지 못했다.

  이른바 No-Show라 불리는 예약 부도는 흔한 갑질의 일종이다. 노쇼 행위를 하면 몰지각한 사람으로 낙인찍힐 수밖에 없는데, 업주의 입장에서는 손님이 예약을 해놓고 나타나지 않으면 고스란히 피해를 보게 되기 때문이다. 자신의 실수를 솔직하게 고백하며 그 식당을 방문해 다시 한번 사과하겠다는 저자의 다짐이 드러나는 작품이다.

우리는 을이면서 갑이다. 살아가면서 자신도 모르게 갑질을 할 수도 있다. 대부분 갑질의 공통점은 양심의 결여다. 갑질이라는 단어 하나에 병들어 가는 우리의 자화상이 들어있다. 갑질 없는 세상은 양심이 바로 서고 나서야 가능한 일인지도 모른다. 사회의 가장 작은 단위인 가족에서부터 이러한 인식을 키워나가는 분위기가 필요하다. 사회적 지위나 직책이 다름의 일부이며, 이 다름을 받아들이는 노력을 해야 한다. 서로 같음과 다름이 있다는 걸 알아야 한다. 상대의 처지를 이해하고 있는 그대로 인정해 주는 것이다.

- 「No-Show」 중에서

넷째, 그의 수필에는 자연에 대한 경외심과 생동하는 삶의 세계가 있다.

저자는 늘 마음으로 그리던 백두대간 끝자락 지리산 종주에 나선다. 산을 좋아하는 사람이라면 한번 걷고 싶어 하는 동경의 코스다. 움켜쥐려는 손짓에 욕심이 가득 묻어 있음을 험한 산길에서의 발걸음이 있고 나서야 알아챈다.

숲은 어둠이 빨리 내려온다. 밤인 줄도 모르고 늦사랑 찾는 매미가 구슬프게 울어댄다. 계절이 바뀌어 가는 소리다. 숲은 어둠에 묻힌 채 오늘을 뒤로 하고 내일을 맞이하는 중이다. 가끔 눈을 감아야 더 잘 보이는 것이 있다. 어린 시절 별 헤던 밤의 추억, 보고 싶은 이의 얼굴, 산 너머를 그려 보는 것들은 눈을 감아야 잘 보인다. 깊은 산중에서 또 다른 자신과 만나는 시간이다.

산등성이를 고루 나누어 주면서 삼 도의 시발점이 된 삼도봉에 빗방울이 떨어진다. 봉우리마다 햇살과 비구름을 동시에 품고 있는 지리산 날씨는 변화무쌍하다. 어릴 때 비가 오면 마구 뛰던 생각이 난다. 어른이 되어서도 비를 덜 맞기 위해 여전히 뛰었다. 하지만 어느 때부터 뛰지 않는다. 비를 조금 더 맞으면 그뿐이라고 생각한다. 나이를 더해 가면서 여유가 생긴 것인가. 세월 앞에서도 서두르거나 허둥대지 않으려고 노력한다. 숲에서도 가능한 느린 걸음으로 걷는다. 지금 걷고 있는 시간에 집중하고 싶어서다. 많은 사람이 걸었을 길 위에 내 발자국을 겹쳐 본다. 수십 년 전만 해도 전쟁의 아픈 역사를 살아간 사람들의 애환이 서린 길이다. 지난 삶을 생각하며 나 자신을 찾는 시간이다.

- 「지리산 능선을 걷다」 중에서

주말마다 저자는 근교 산행을 할 때마다 쓰레기를 주워 온다. 산을 지키는 클린 하이킹(clean hiking)을 실천하는 중이다. 클린 하이킹은 플로깅의 산악 버전이다. 플로깅(Plogging)은 2016년경 스웨덴에서 처음 시작됐다. 이삭을 줍는다는 뜻인 스웨덴어 'plocka upp(pick up)'과 '조깅(jogging)'의 합성어다. 천천히 걸으며 쓰레기를 줍는 운동을 의미한다.

산악 모임에서 경험한 뒤 지금은 홀로 쓰레기를 주우러 다닌다는 저자. 산에 오를 때면 짐을 최소한으로 줄인 배낭에 물과 간단한 소지품만 넣고 비닐봉지를 챙긴다. 그는 산을 오르면서 등산객이 버리고 간 쓰레기를 줍는다. 체력을 기르며 환경을 보호하고 자아를 실현할 수 있는 활동인 셈이다.

이번엔 우유 팩과 물병이다. 고작 반나절 산행인데 모은 쓰레기가 한 봉지 가득하다. 담배꽁초, 음료 캔, 플라스틱, 비닐…. 버려진 양심의 민낯이다. 깨끗한 환경은 그냥 주어지는 것이 아니다. 줍는 것보다 버리지 않는 것, 나아가 쓰레기를 만들지 않는 것이 중요하다. 오로지 오르는 것에만 집중하면 더 높이 오르거나 더 빨리 정상에 도달할 수 있을 것이다. 클린 하이킹하면서부터 앞만 보고 가는 것이 아니라 천천히 주위를 둘러보면서 산행한다. 시선을 조금만 낮추고 멈추어 서면 의미 있는 일을 할 수 있다. 쓰레기를 주울 때마다 좋은 사람이 된 느낌이 든다. 내가 좋아 찾아온 산, 내가 오르는 산자락을 깨끗이 한다고 생각하면 마음이 흐뭇해진다. 막연히 산에 오르기만 할 때와는 다른 느낌이다.

- 「클린 하이킹」 중에서

Ⅲ.

공자는 그의 『詩經』에서 문학을 '思無邪'라고 했다. 또한 위렌은 문학(예술)의 본질은 '진실과 아름다움'이라 했다. 사무사(思無邪)란 사악함이 없는 생각으로 진실과 아름다움이 상통한다고 볼 수 있다. 사악함이 없고 진실한 것은 모든 문학예술의 본질이지만 문학의 여러 장르 중에도 자기 체험의 고백을 본령으로 하는 수필이 가장 첩경일 것 같다.

작품 속에 나타난 박태희의 삶의 자세는 의욕적이다. 그의 생활은 근면 성실과 자립으로 점철되어 있고 소박한 서민적 지향이 생활의 철학이다. 그는 강한 듯 여린 심성의 소유자며 자연에의 시정과 감격은 그의 문학성으로 보인다. 시야에 보이는 모든 자연의 변화에서 심상을 얻고 인간관계에서 아름다운 진리를 발견하는 깊고 진한 심성이 마음에 숨겨져 있는 것이다.

 글은 곧 사람이라는 말이 있다. 이 말은 수필에 가장 적합한 말이라 하겠다. 글쓴이가 주인공이 되어 자신의 나상(裸像)을 만인 앞에 드러냄으로써 위선도 가식도 없는 신실과 순수 그것으로 읽는 사람의 마음을 움직여 공감케 하는 문학이기 때문이다. 그래서 수필가는 무엇보다 반드시 갖추고 있어야 하는 것이 양심과 도덕, 진실과 올바른 가치관이다.

 오늘날 우리 수필이 많이 읽히지 않는 것은 일률적인 회고담이나 서술 위주의 무 변화적 문장에 기인한다. 그런 점에서 박태희의 글은 일상의 삶에서 얻는 소박한 경이의 발견으로 정감 어린 엽신(葉信)이자 순수한 감성의 표현으로 관심을 끈다. 지난날의 값진 고뇌와 삶의 의지를 되살려 자신의 향기 발산에 진력하고 있는 저자의 많은 경험들은 수필을 쓰는데 좋은 밑거름이 될 것이라 믿는다. 앞으로도 이러한 삶과 기록을 계속해 나가는데 용기를 잃지 말기를 바라며 문학적 수필 창작에 더욱 역량을 기울였으면 한다.

설움도 그리움이 된다

초판 발행일 2024년 2월 20일

지은이 **박태희**
발행인 **김미희**
펴낸곳 **몽트**

출판등록 2012.12.20 제 2014-0000-38호

주소 **안산시 상록구 화랑로 513 2층 24호**
전화 **031-501-2322** 팩스 **031-501-2321**
메일 **memento33@menthebooks.com**

값 15,000원
ISBN 978-89-6989-099-3 03810